光明社科文库
GUANGMING DAILY PRESS:
A SOCIAL SCIENCE SERIES

·经济与管理书系·

行政事业单位内部控制研究

华 炯 | 著

光明日报出版社

图书在版编目（CIP）数据

行政事业单位内部控制研究 / 华炯著． -- 北京：光明日报出版社，2024.4． -- ISBN 978－7－5194－8018－9

Ⅰ．F239.66

中国国家版本馆 CIP 数据核字第 2024C693Z9 号

行政事业单位内部控制研究
XINGZHENG SHIYE DANWEI NEIBU KONGZHI YANJIU

著　　者：华　炯	
责任编辑：刘兴华	责任校对：宋　悦　李海慧
封面设计：中联华文	责任印制：曹　诤

出版发行：光明日报出版社

地　　址：北京市西城区永安路 106 号，100050

电　　话：010-63169890（咨询），010-63131930（邮购）

传　　真：010-63131930

网　　址：http://book.gmw.cn

E － mail：gmrbcbs@ gmw.cn

法律顾问：北京市兰台律师事务所龚柳方律师

印　　刷：三河市华东印刷有限公司

装　　订：三河市华东印刷有限公司

本书如有破损、缺页、装订错误，请与本社联系调换，电话：010-63131930

开　　本：170mm×240mm			
字　　数：205 千字		印　　张：15.5	
版　　次：2024 年 4 月第 1 版		印　　次：2024 年 4 月第 1 次印刷	
书　　号：ISBN 978－7－5194－8018－9			
定　　价：95.00 元			

版权所有　　翻印必究

前　言

行政事业单位行业分布广泛，从业人员规模庞大，是政府提供公共服务供给的主要力量，在推动党和国家各项事业蓬勃发展、满足人民群众日益增长的各类需求方面起着十分重要的作用。当前，我国正处于经济发展的新阶段，面对市场环境需求日益复杂、竞争压力不断增大、广泛应用信息技术和迅速发展的信息化等新形势。行政事业单位作为我国社会公共服务体系的重要组成部分，其管理水平面临着更高的要求。在这一背景下，内部控制作为管理的关键环节，成为应对企业和政府部门等多层面风险的有效工具，具有防范低效和降低风险的重要作用。

行政事业单位内部控制是我们国家发展内部控制事业、建立内部控制体系的重要组成部分，行政事业单位的高质量建设是实现中国式现代化的坚实基础与有力支撑。《行政事业单位内部控制研究》一书表明作者已经发现了一些行政事业单位内部控制工作中存在的弊端，并结合自身工作身体力行地做了些调查与探索，提出了一些具有价值的优化建议。本书告诉我们，科学合理的内控工作一方面可以倒逼行政事业单位进行改革，完善行政事业单位财务预算监督体系，另一方面还可以提升行政事业单位的内部管理质量，推动服务型政府建设。同时，规范行政事业单位会计工作，有效规避行政事业单位风险。由此可见，内部控制对行政事业单位的高质量发展以及树立负责任的形象极为重要。作者拥有10余年的行政事业单位内部控制工作经验，经历了历次行政事业单位改革，基于此本书致力于通过制度建设，达到内部控制和行政事业单位的深度融合，最终实现行政事业单位能力与美誉的双提升。

习近平总书记强调"山再高，往上攀，总能登顶；路再长，走下去，定能到达"。作者长期深耕于行政事业单位自然资源财务、资金、国有资产、非税收入、绩效评价和内部控制管理与研究工作。在实践中渐渐领悟到，内部控制不仅是一种职能，也是一种理念、一种思维方式，更是一种工作方法。推动行政事业单位内部控制植根于制度、规范于权力、运行于流程、防患于风险，是行政事业单位为国家治理体系与治理能力现代化做出的担当与使命。

鉴于笔者的理论水平和能力限制，也因于掌握材料与数据的有限，书中不当之处在所难免，敬请读者批评指正。

作者
2023年11月

目 录
CONTENTS

第一章　绪　论 …………………………………………………… 1
　第一节　研究背景与意义 ……………………………………… 1
　第二节　研究思路与特色 ……………………………………… 8
　第三节　研究综述与研究评价 ………………………………… 11

第二章　行政事业单位内部控制的理论与制度发展 …………… 28
　第一节　基本概念 ……………………………………………… 28
　第二节　基础理论 ……………………………………………… 34
　第三节　行政事业单位内部控制制度发展 …………………… 40

第三章　行政事业单位的业务流程和风险分析 ………………… 48
　第一节　单位层面内部业务流程 ……………………………… 48
　第二节　业务层面内部控制业务流程 ………………………… 54
　第三节　单位层面内部控制风险分析 ………………………… 66
　第四节　业务层面内部控制风险分析 ………………………… 71

1

第四章　行政事业单位内部控制的目标、原则和要素 ………… 82
第一节　内部控制的目标 ………… 82
第二节　内部控制的原则 ………… 86
第三节　内部控制的主体与客体 ………… 92
第四节　内部控制的方法 ………… 96
第五节　内部控制的要素 ………… 102

第五章　行政事业单位内部控制有效性的评价模式 ………… 108
第一节　内部控制有效性的含义和影响因素 ………… 108
第二节　基于财政专网的内部控制有效性的评价模式 ………… 116
第三节　基于 ANP-Fuzzy 法的内部控制有效性的评价模式 ………… 123

第六章　行政事业单位内部控制的案例分析 ………… 129
第一节　政府内部控制建设与实施的案例分析 ………… 129
第二节　高校内部控制建设与实施的案例分析 ………… 141
第三节　医院内部控制建设与实施的案例分析 ………… 152
第四节　行政事业单位内部控制机制失灵的原因分析 ………… 162

第七章　行政事业单位内部控制机制的优化对策 ………… 169
第一节　内部控制制度层面 ………… 169
第二节　内部控制执行层面 ………… 173
第三节　内部控制评价与监督层面 ………… 175
第四节　内部控制理念培育层面 ………… 178

参考文献 ………… 183

附录一 关于印发《行政事业单位内部控制规范（试行）》的
通知 财会〔2012〕21号 ·········· 188

附录二 财政部关于全面推进行政事业单位内部控制建设的指导
意见 2015年12月21日 财会〔2015〕24号 ·········· 203

附录三 财政部关于开展行政事业单位内部控制基础性评价工作的
通知 2016年6月24日 财会〔2016〕11号 ·········· 208

附录四 关于印发《行政事业单位内部控制报告管理制度（试行）》
的通知财会〔2017〕1号 ·········· 212

附录五 2022年度行政事业单位内部控制报告 ·········· 218

第一章

绪　论

第一节　研究背景与意义

一、研究背景

事业单位，一般指以增进社会福利，满足人民群众在教育、科学、文化、卫生等公共服务方面需要，提供各种服务为直接目的的社会组织，是政府公共服务供给的主要力量，在推动社会事业发展、满足人民群众公共服务需求方面起着十分重要的作用。由于我国独特的政治体制，行政和事业单位常常不分家，所以统称为行政事业单位，比如，房管局、规划局，有的地区是行政单位，有的地区是事业单位。行政事业单位内部控制，是指"合理保证单位经济活动合法合规、资产安全和使用有效、财务信息真实完整，有效防范舞弊和预防腐败，提高公共服务的效率和效果"①。党的十八大召开以

---

① 中华人民共和国财政部．行政事业单位内部控制规范[M]．上海：立信会计出版社，2017：1．

来，党和国家对腐败行为采取"零容忍"的态度，取得了反腐败的压倒性胜利。但是，我们不得不承认在某些行业、某些领域腐败行为呈现出多发、高发、窝案频发的态势。最高法工作报告指出，2021年，人民法院审结贪污贿赂、渎职等案件2.3万件，涉及人员多达2.7万人。加大职务犯罪赃款赃物追缴力度，实际追缴到位596.6亿元。最高检工作报告显示，2021年检察机关受理各级监委移送职务犯罪20754人，起诉16693人，同比分别上升5%和8.8%。① 比如，陕西纪委监委报告显示，截至2023年8月，当年医疗领域腐败和作风问题共收到问题线索2521件，办结2371件，处理人员937人，47件问题线索移交至纪检监察机关。② 我国行政事业单位内部控制起步晚，又因其自身行业分布广泛、数量庞大、机构冗余、行政程序烦琐等问题，导致了违法违纪问题频繁出现，这是行政事业单位转型发展与内部控制的现实需求。

行政事业单位建设与改革是推进国家治理体系和治理能力现代化的重要组成部分。党和国家高度重视行政事业单位建设，党的十八届四中全会审议通过的《中共中央关于全面推进依法治国若干重大问题的决定》中明确指出"对权力集中的部门和岗位，要建立分级授权、分岗设权、分事行权的内部流程控制，防止权力滥用和腐败滋生"，首次在国家层面明确了内部控制的方向和目标。党的十九大报告，进一步明确"深化事业单位改革，强化公益属性，推进政事分开、事企分开、管办分离"。党的十九届三中全会通过了《中共中央关于深化党和国家机构改革的决定》，进一步提出要"加快推进事业单位改革，强化公益属性，破除逐利机制"，党的二十大报告更强调了"深化事业单位改革"的迫切性。如何改革和发展行政事业单位成为社会关

---

① 张军. 最高人民检察院工作报告：2022年3月8日在第十三届全国人民代表大会第五次会议上［EB/OL］. 中华人民共和国最高人民检察院，2022-03-15.
② 六大领域专项整治进展｜医疗领域［EB/OL］. 秦风网，2023-08-11.

注的热点。这些为全面深化推行行政事业单位内部控制创造了良好的政治环境，也在理论和实践层面提出了一个全新的研究课题。

行政事业单位内部控制是我国内部控制体系的重要组成部分，是实现国家治理现代化的坚实基础与有力支撑。国外内部控制的研究已经相对成熟，并且在企业和政府部门中也得到了广泛应用。2012年11月，财政部印发了《行政事业单位内部控制规范（试行）》，标志着我国内部控制建设工作又上了一个新台阶，内部控制建设范围进一步扩大，由原先的单一企业主体向行政事业单位领域拓展，从政策层面奠定了行政事业单位内部控制理论发展的基础。2015年12月，财政部印发了《关于全面推进行政事业单位内部控制建设的指导意见》，纲领性地提出了建设内部控制要把内部控制量化评价作为导向、信息系统作为支撑。2016年6月，财政部印发了《关于开展行政事业单位内部控制基础性评价工作的通知》，明确单位内部控制的基本要求与重点内容，实现"以评促建"的目标。2017年1月，财政部印发了《行政事业单位内部控制报告管理制度（试行）》，通过"以报促建"的方式指导督促各级各类行政事业单位加强内部控制建设。持续完善并有效实施的行政事业单位内部控制规章制度，逐步提高了各级各类行政事业单位的内控意识与内部控制体系，有效防范了行政事业单位内外部风险，保证了会计信息的真实完整。

内部控制是行政事业单位有效防范风险、规范权力运行的主要手段，也是会计职能拓展升级的重要支撑，更是推进国家治理体系和治理能力现代化的长效保障机制。贯彻落实党的历次大会及全会的会议精神，"强化内部流程控制，防止权力滥用""健全分事行权、分岗设权、分级授权、定期轮岗制度"，为当前和今后一段时期行政事业单位内部控制规范的建设与实施工作指明了方向，提供了根本遵循。

二、研究意义

行政事业单位强化内部控制工作，提升内部控制创新能力，不仅能够满足经济发展的要求、提高社会公共服务的质量，还能够成为提高我国政府机构社会效益和增强社会影响力的重要途径之一。有助于进一步提升以政府机构为主体的行政事业单位的管理水平和财务管理效率，同时也有助于为人民群众提供更加优质的服务。内部控制在这一过程中产生了积极影响，对行政事业单位的改革、财务预算监督机制、内部管理质量以及服务型政府建设工作等都产生了显著的作用。

党的十八大以来，中国特色社会主义进入新时代，经济社会呈现出高质量发展态势。但在百年变局和世纪疫情交织在一起的背景下，放眼全球，受政治对立、经济低迷、社会分化、军事对抗等一些事件影响，我国的发展面临着市场环境日益复杂、竞争压力不断变大、信息技术的应用更加迫切等新形势。行政事业单位是我国提供高质量公共服务和履行国家职能的重要组成部分，其履职的规范性和管理水平直接影响到民众的认同感、归属感和幸福感。内部控制既是管理的职能和内在要求，又是管理的重要方法。行政事业单位内部控制具有规范公权力使用、防范低效和降低风险的重要作用。

1. 倒逼行政事业单位改革。政府改革与行政事业单位内部控制之间存在紧密的联系，二者相辅相成。一方面，政府改革对行政事业单位的职能划分、审批流程、制约和监督等方面产生了深远影响。为确保行政事业单位内部职能的合理划分、资源的科学分配以及健全制约和监督体系，行政事业单位应主动响应政府改革要求，积极完善内部控制体系，科学管理各项工作流程，以确保其合法合规运作。另一方面，高效合理的内部控制体系能够有力地配合政府改革过程中"放管服"改革策略的部署和实施。这对推动我国行政管理体制改革深化、提高行政事业单位工作效率、降低运行风险、预防舞弊和腐败行为、为社会健康发展创造良好环境、提高行政事业单位整体服务质量等方面均有积极作用。健全完善的内部控制将成为加速推动政府改革和提升服务水平的有效手段，将为行政体制变革和社会进步提供强有力的支持。[1]

2. 完善行政事业单位财务预算监督体系。内部控制是行政事业单位内部运营的关键环节，在全部流程的推进过程中发挥着至关重要的作用，其本质在于规范、监督和引导组织各项活动，确保其有效运作。[2] 在财务监管的视角下，首先，实行内部控制能够有效防范内部监管不力的状况，提升内控与管理水准，在一定程度上保障单位的经济收益，预防潜在风险，精准应对，保障组织的健康发展；其次，它能确保数据的精确度，防止数据失真；最后，能推动行政事业单位的良性进步，转变职工观念，使业务和内控有机结合，实现可持续成长。[3] 行政事业单位财务预算管理的科学性和系统性需要建立在健全的内部控制基础上，以保障整个流程的有序性和准确性。内部控制与预算监督的密切结合，有助于构建一个稳健、高效的财务预算管理体系，使其更好地适应行政事业单位的需求和变革，从而在财务预算监督的优化过程中取得更为积极的效果。[4]

3. 提升行政事业单位的内部管理质量。对于行政事业单位而言，若想提高自身管理质量和水平，仅靠几个部门的努力与合作是远远不够的，需要单

---

[1] 陈芳. 政府改革背景下河北省行政事业单位内部控制研究 [J]. 广西质量监督导报，2020（07）：98-99.

[2] 祁辛. 行政事业单位财务预算管理困境及应对策略研究 [J]. 大众投资指南，2022（22）：134-136.

[3] 王晓娟. 财务监管背景下行政事业单位内部控制的优化思路研究 [J]. 财会学习，2023（28）：158-160.

[4] 华炯. 行政事业单位全面预算内部控制问题与措施 [J]. 投资与合作，2023（10）：178-180.

位内部自上而下进行全面协调、形成合力，才能共同进步发展。① 行政机关事业单位肩负着社会事务管理和公共服务供给的责任。作为政府职能的代表，它在社会治理领域发挥着至关重要的作用，也是社会舆论关注的焦点。单位能否切实履行职责，赢得公众的满意，关键在于其是否具备强有力的管理能力。然而，目前我国行政机关事业单位的内部控制存在一些不足，主要表现为内控意识淡薄、预算编制不够精细、预算约束宽泛无力、对绩效考核重视不足、内部控制审计欠缺以及监督力度薄弱等。② 若能充分利用内部控制这个有效工具，在内部控制管理实施下，行政事业单位可以有效连接各个部门，从而形成合力，并通过不断提高工作效率以保证行政事业单位各项工作顺利开展，提升单位整体的管理水平和管理质量，使其达到规范化、科学化的标准，更好地服务社会和大众。

4. 推动服务型政府建设。党的十八大以来，在推进政府改革、优化政府运作和调整职责的进程中，构建服务型政府被明确提出，其核心目标是提高民众对政府部门的满意度和信任度。为了推进服务型政府的建设，必须进一步规范公共权力的使用范畴，确保公共权力被关在制度的笼子之中，任何违法行为都将受到责任追究。同时，需要加强对权力的监督和约束，以实现对公共权力的有效制约和监督。为实现这一目标，必须严格执行内部控制，构建完备的内部控制系统，遵循内部控制的规定，确保内控措施得到实际的实施，防止形式化，并充分发挥其功能。建立内部控制机制，通过制定并执行内部控制制度和程序，确保公共权力的行使受到监督和制约，防止权力滥用和职务犯罪，对于推进国家治理体系和治理能力现代化具有重要意义。在实践中，我们更应充分发挥内部控制的作用，通过建立科学有效的内部控制制

---

① 卜素. 行政事业单位加强内部控制管理的意义 [J]. 财会学习，2023（22）：170-172.

② 邵永华. 行政事业单位内部控制研究：以JS省交通运输厅为例 [D]. 昆明：云南财经大学，2022.

度，规范公共权力的行使，防止权力滥用和职务犯罪的发生，为构建服务型政府提供有力保障。①

5. 有效规避行政事业单位风险。加强行政事业单位的内部控制管理，有助于更好地规避风险，以确保单位的安全和可持续发展。面对当前社会环境的复杂性，行政事业单位必须更好地发挥内部控制管理的作用，以提高单位在经济和社会环境中的适应能力。内部控制管理的实施将使单位的管理层和员工更加关注他们的职责和义务，并确保他们在工作中的准确性和透明度。内部控制管理能够帮助单位更好地监控和管理风险，确保其政策、流程和活动符合相关法规和标准，从而降低违法行为的可能性。

6. 规范行政事业单位会计工作。会计控制是内部控制的一般方法，具体做法包括建立健全本单位财会管理制度、加强会计机构建设、提高会计人员业务水平、强化会计人员岗位责任制、规范会计基础工作、加强会计档案管理，明确会计凭证、会计账簿和财务会计报告处理程序等。②。在内部控制管理约束下，行政事业单位可以将具体会计工作作为抓手，通过不断优化工作流程、严格要求各岗位工作人员按照单位制度规定有效开展各项工作，结合行政事业单位的实际情况和具体需求制定出完善有效、适合本单位实际情况的会计制度，以提高会计工作的整体水平，增强会计信息的准确性、可信性。③

7. 建立健全行政事业单位内部权力制衡机制。内部控制重点从单位层面和业务层面出发，对行政事业单位组织构建制度建设及业务运行权责分配进行制度化、程序化的规范。一方面，从单位层面入手，对单位组织架构和管

---

① 邵永华. 行政事业单位内部控制研究：以 JS 省交通运输厅为例［D］. 昆明：云南财经大学，2022.
② 行政事业单位内部控制规范（试行）［EB/OL］. 中华人民共和国财政部，2012-11-29.
③ 卜素. 行政事业单位加强内部控制管理的意义［J］. 财会学习，2023（22）：170-172.

控模式进行设计和完善。明确领导机构责任职能、清晰组织机构权力划分、规范执行机构业务流程、加强管控机构监督意识是健全单位内部控制的必然要求，也是单位有效治理的关键。同时，内部控制的核心在于决策、执行、监督三权相互制衡，通过领导岗位及相关组织机构职责设计形成事前授权审批流程，通过执行机构业务梳理形成事中事项归口规范，通过管控机构监督权力的形式形成全过程监管机制，为实现政府部门治理提供机制保障。另一方面，行政事业单位内部控制从单位层面在业务流程中的组织架构设计入手，形成标准化和规范化业务流程制度体系。通过梳理以预算业务为主线的不同业务流程风险，在各个业务流程的组织架构和重点管控节点进行关键职能和岗位的设置并明确其具体职责。①

第二节 研究思路与特色

一、研究思路

内部控制是联结宏观治国要求和微观理政方式的制度桥梁，是融合权力监督制约和职责落实到位的组织架构，是制衡廉政风险和高效行政的科学手段，是行政事业单位治理的基石。② 推行内部控制，能在体系设计和制度安排中将依法行政的观念深入人心、在岗位设置和职责分工中将依法治理落实到政府管理职能的具体细节里、在流程管理和分级授权中将权力的监督制约融入协调理政的工作职责内。建设和实施内部控制，是推进政府治理现代化

---

① 唐大鹏，李鑫瑶，刘永泽，等. 国家审计推动完善行政事业单位内部控制的路径[J]. 审计研究，2015（02）：56-61.
② 财政部会计司，中国会计报社. 行政事业单位内部控制建设：理论与实践[M]. 北京：经济科学出版社，2015：1.

的应有之义，是行政事业单位落实党风廉政建设主体责任、防控廉政风险的有效手段。

一段时间以来，理论界对于内部控制的概念争论不休，同时在实践层面更是与现有组织的治理、业务体系高度重叠。在企业层面，从现有的各种内部控制规范体系来看，"控制"的含义已经泛化成战略管理、风险评估、控制活动、组织文化、绩效评价等多个方面，弱化了控制本身的约束和限制之意。在行政事业单位层面，由于中西方在文化和政治体制方面的差异，西方内部控制的相关理论与制度，在应用到我国具体实践上往往出现"国情结合不够""考核与问责不对等""理论与行动逻辑不一致"等问题。基于上述情况，本书针对行政事业单位行政行为内部控制问题进行了系统的研究。具体而言，本书的研究思路是按照三个层次依次展开的。

第一层次，行政事业单位内部控制的研究基础。行政事业单位行政管理体制改革建设实践和现行以《行政事业单位内部控制规范（试行）》《关于全面推进行政事业单位内部控制建设的指导意见》《行政事业单位内部控制报告管理制度（试行）》等的制定历程为线索，从行政事业单位的内部控制目标和职能互动关系入手，对行政事业单位内部控制的主体范围和客体范围进行探讨，为重构行政事业单位内部控制框架体系奠定基础，同时对行政事业单位存在的风险和内部控制的本质特征进行剖析，发现已有研究文献和实践的局限，为进一步研究行政事业单位行政行为提供线索。

第二层次，行政事业单位内部控制框架体系的理论研究。本层次在梳理行政事业单位内部控制实践和理论演进的基础上，发现现有行政事业单位内部控制在执行中的问题，并追根溯源到系统论、内部控制理论和风险管理理论，结合上述理论，运用演绎法、归纳法等规范研究方法对行政事业单位内部控制理论框架体系进行探讨和重构。为行政事业单位内部控制建设实践提供前瞻性指导，使行政事业单位内部控制规范及其实施、评价活动能够真正实现提高行政效率和公信力的控制目标。

第三层次，行政事业单位内部控制的应用研究。本层次针对行政事业单位内部控制行为进行详细阐述，在前述框架体系下对行政单位和行政性事业单位的业务活动进行内部控制基本要素分析，参考有关行政事业单位行政行为业务流程的法律、法规及准则、规范，寻找业务风险共性并制定相应的控制制度体系、实施体系和评价体系。进而深入探讨行政事业单位内部控制的具体细节，进行实地调查，归纳、设计适合行政事业单位行政行为的、具有可操作性的内部控制通用模式。

具体情况如下：第一部分是绪论。从研究背景及意义出发，对行政事业单位内部控制当前的研究情况进行了概述，涵盖了研究思路与研究特色、国内外文献综述等。第二部分是行政事业单位内部控制的理论与制度发展。主要包括行政事业单位等基本概念，并阐述了本书的基础理论：内部控制理论、系统论和风险管理理论。同时，对行政事业单位内部控制的发展脉络与制度进行梳理。第三部分是行政事业单位的业务流程和风险分析。第四部分是行政事业单位内部控制的目标、原则和要素。研究内容涵盖内部控制的目标、原则、主体与客体、方法和要素等五部分。第五部分是行政事业单位内部控制有效性的评价模式。将基于财政专网的内部控制有效性的评价模式和基于ANP-Fuzzy法的评价模式与行政事业单位内部控制评价模式进行比较。第六部分是行政事业单位内部控制的案例分析。选取了政府、高校和医院三个典型案例，主要介绍了他们的基本情况和内部控制情况，重点介绍了其实施背景、发展历程以及内部控制的特点。同时对行政事业单位内部控制机制失灵的原因进行分析。第七部分是针对行政事业单位内部控制在制度、执行、评价与监督和理念培育等方面提出的优化策略。

二、研究特色

党的十八届四中全会作出的《中共中央关于全面推进依法治国若干重大

问题的决定》（以下简称《决定》）对全面推进依法治国做出了总的部署，是我国法治建设的新起点。在这个新起点上，依法行政、加快建设法治政府是全面推进依法治国的重要内容，而强化内部控制建设则是加快法治政府的重要措施，必须高度重视，切实抓紧抓好。

  本书的特色主要体现在三个方面：一是思想先导，二是系统集成，三是与时俱进。一、思想先导。为编写出优质的、内部控制的著作，作者及其团队近年来始终致力于行政事业单位内部控制的理论研究与实践操作，在本书的每个章节尽力体现出内部控制的思想，使其贯彻于全书之中。二、系统集成。本书在行政事业单位内部控制方面具有较强的系统性，全书对行政事业单位内部控制的各个层面均进行了阐释，与同类著作相比体系更加完整。三、与时俱进。在本书撰写过程中，作者致力于选取最新理念与资料，反映内部控制发展与变化的时代特征与新需求，尽力反映内部控制理论研究的精粹。同时，本书直面现实问题，结合典型案例进行剖析，提出应用对策，本书对于实务界和理论界均有一定参考价值，应用场景广阔。

第三节 研究综述与研究评价

一、研究综述

  内部控制是行政事业单位提高工作效率与质量的重要管理措施之一。通过对内部业务和财务活动的管理与控制，内部控制实现了对风险因素的合理规避，对单位的持续稳健发展产生了积极作用。其对行政事业单位的管理决策与工作流程具有良好的约束与管控效果，进而提高了各项工作的规范化程度，有效降低了风险。

在当代公共管理领域，行政事业单位改革、内部控制以及行政事业单位内部控制构成了三个密切相关的概念。行政事业单位改革主要涉及政府或公共部门对机构、政策和程序的重大变革和调整，以提高机构效率、透明度、责任和公共服务质量。内部控制则是确保组织经济、法规遵从和运营效率的管理方法，涵盖了一系列策略、政策、程序和规则。行政事业单位内部控制整合了行政事业单位改革和内部控制的要素，强调了在改革过程中如何建立和执行内部控制措施，以确保资源的有效利用、法规遵守和风险管理。这一概念强调了内部控制在现代公共部门改革中的关键角色。我们对这三个概念进行深入探索，旨在更好地掌握现代公共管理的核心概念，为行政事业单位的可持续性和效能提供更为明确的支持。

（一）行政事业单位改革

党的十一届三中全会标志着我国进入了改革开放和社会主义现代化建设的新时期，为我国对内改革和对外开放的历史开启了新的篇章。为了贯彻落实党和国家工作的重心转移、适应改革开放的要求，1982年3月8日，第五届全国人民代表大会常务委员会第二十二次会议通过了《关于国务院机构改革问题的决议》。该决议旨在解决干部老化、机构臃肿、职责不清、效率低下等问题，标志着我国政府机构步入改革之路。在过去的四十多年里，政府机构根据经济体制改革和经济社会发展的客观需求，以"减"和"转"为主要方向，进行了多轮改革。这一系列改革既避免了由于举措不当导致的、难以逆转的颠覆性错误，又稳健高效地推动了社会主义市场经济的发展。随着时代的发展，行政体制改革与时俱进，引领全国各族人民取得了令世人瞩目的发展成就。当前，全球面临百年未有之大变局，进入新的动荡变革时期，世界正以前所未有的方式发生着变革。面对未来的风险挑战，党的二十届二中全会通过了《党和国家机构改革方案》。第十四届全国人民代表大会第一次会议表决通过了关于国务院机构改革方案的决定，拉开了新一轮行政体制改革的序幕。这一轮改革深刻回应了我国发展进入战略机遇和风险挑战并存、不确定难预料因素增多的时期的新要求，突显了以科学性、文化性、时代性为要求的显著特征。①

《党和国家机构改革方案》主要包括深化党中央机构改革、深化全国人大机构改革、深化国务院机构改革、深化全国政协机构改革和优化机构编制资源配置五项内容，涉及新组建、相关职责调整或单位机构划入、重新组建、不再保留、调整为国务院直属机构等多个方面，涵盖金融、科技、农业农村、数据、民生、知识产权等多个领域。可以说，新一轮行政体制改革不再以减员缩编为目标，而是明确提出根据行业和系统实际，盘活用好存量编制资源，调整政府机构现阶段职能定位、职责范围和未来转变方向，不断提高政府机构治理效能，为化解高质量发展中的风险和问题提供保障。②

行政事业单位改革，通常指对政府机构或公共事业单位进行的变革和调整，旨在提高其效率、透明度、责任和公共服务质量。这种改革可能涉及组织结构的重新设计、政策和法规的更新，以使这些单位能更好地适应社会、经济和技术的变化，满足公众需求。改革的目标包括优化资源配置、提高工作效率、推动创新、加强管理水平、提升公共服务水平等。从广义上来说，行政事业单位改革与机构改革、公共管理改革、行政体制改革、公共服务体系改革、行政效能提升、组织变革和公共事业单位变革等名词的含义有异曲同工之妙，可以结合理解。

何峥嵘（2017）在研究服务型政府建设时提出，行政事业单位改革是通过对前期事业单位改革的市场化倾向进行反思和纠偏，以公共服务型政府作为指导理念，以增强政府的社会公共服务职能、改善公共服务绩效为目

---

① 唐彦林，于玥辉. 新一轮行政体制改革的显著特征 [J]. 人民论坛，2023（7A）：59-61.
② 中共中央 国务院印发《党和国家机构改革方案》 [N]. 人民日报，2023-03-17（1）.

的,理清政府与事业组织在公共服务供给体制中的关系,明确各自法律上的职责、地位的变革手段。① 从财务制度层面看,行政事业单位财务制度改革涉及财务管理、预算管理、会计核算等方面,对于提高行政事业单位的财务管理水平、增强其透明度和规范性具有重要意义。

具体来说,行政事业单位改革包含以下内容:

1. 组织结构调整:对机构内部的组织结构进行调整,涉及部门合并、划分、撤销,以提高运转效率和责任明晰度。

2. 政策和法规更新:对机构的政策和法规进行修订和更新,以适应社会、经济和技术的变化,确保相关政策具有时效性和适应性。

3. 服务流程优化:对提供的公共服务流程进行优化,简化办事程序,提高服务效率,提升服务质量。

4. 信息技术应用:引入先进的信息技术,以提高工作效率和数据管理能力,包括电子政务、大数据应用等。

5. 人才培养和管理:加强机构内部人才培养和管理,确保拥有足够的专业知识和管理能力,以适应日益复杂的工作环境。

6. 财务体制改革:对财务管理体制进行改革,包括预算编制、资金使用、财务监督等方面的调整,以提高资金使用效益。

7. 社会参与与沟通:加强与社会的沟通和参与,建立更加透明、负责任的管理机制,提高公众对机构的信任度。

8. 监督与评估机制:设立更为有效的内部监督机制,加强对机构工作的评估,确保机构按照既定目标和标准运作。

9. 改革方针和目标设定:明确改革的方向和目标,制定可衡量的指标,为改革提供明确的导向和评估依据。

---

① 何峥嵘. 事业单位改革与服务型政府建设 [J]. 广西政法管理干部学院学报,2017,32(04):20-24.

10. 法治建设：强化法治意识，通过法治手段规范机构的运作，确保机构的合法合规运行。

这些方面的内容相互交织，形成一体化的改革方案，旨在提高行政事业单位的整体运作效率和适应性，以更好地履行其职能、服务社会。综上所述，行政事业单位改革是顺应时代的必需品。不仅社会、经济和科技的迅速变革要求行政事业单位通过改革来适应新的挑战和需求，社会治理体系的现代化也要求行政事业单位及时改革，以推动国家治理体系更科学、高效地运作，实现公共利益最大化和社会的持续发展。无论是更新法规政策、鼓励社会参与，还是通过培养人才、运用信息技术的方式，行政事业单位都始终在以极快的方式更新迭代。

（二）内部控制

在美索不达米亚文化时代，简朴的内部牵制实践成为内部控制的原型。随着几千年的演变和发展，内部控制在资本主义经济、世界经济危机、工业革命、科技革命等多方面的影响下，经历了实践的塑造和理论的完善两大历程，逐渐形成其主体内容。在现代社会的运行过程中，内部控制持续向纵深化和专业化方向迈进。

内部控制（Internal Control）一词最初是作为审计术语出现在审计文献中的，审计人员从实际审计业务的需求出发，开始将内部控制从企业管理活动中抽象出来，并进行专门的研究与评价。随着对内部控制理论和认识的不断深化，审计人员为其赋予了新的含义，逐渐推动内部控制从实践中升华为理论。在不同的时期和环境中，内部控制的含义和侧重点发生了持续的变化。在 20 世纪初，学者们主要侧重于财务方面对内部控制的理解，例如，防止和检测财务欺诈，这一观点主要关注会计制度和审计。随着组织的复杂性和法规环境的变化，学者们逐渐将内部控制的解释扩展到组织的各个方面，包括战略目标、运营效率、法规遵从和风险管理等。如今，内部控制是一个广泛研究和实践的概念，是组织管理和监督的重要机制，在管理和会计领域具有重要意义。从学术的角度来看，内部控制被定义为组织内一系列策略、政策、程序和规则的综合，旨在确保组织达到其目标，同时有效管理资源和降低风险。内部控制是一个实现自我监督和自行调整的体系，其内涵随着人类实践的不断发展而变化，基本遵循"内部牵制、内部控制制度、内部控制结构、内部控制整体框架、风险管理整体框架"的演进轨迹。

1949年美国审计程序委员会发表了一份题为《内部控制、协调系统诸要素及其对管理部门和注册会计师的必要性》的专题报告，首次对内部控制作出了权威定义："内部控制是企业所制定的旨在保护资产、保证会计资料可靠性和准确性，提高经营效率、推动管理部门所制定的各项政策得以贯彻执行的组织计划和相互配套的各种方法及措施。"此定义中不仅包括与会计和财务部门直接有关的控制，还包括预算控制、成本控制、定期报告、统计分析、人员培训及内部审计等，以及其他领域的一些活动。20世纪80年代，《审计准则文告第55号》指出，"企业的内部控制结构包括为合理保证企业特定目标的实现而建立的各种政策和程序"，并明确了内部控制结构的内容包括控制环境、会计制度和控制程序。与以前的内部控制定义相比，内部控制结构将内部控制环境纳入内部控制的范畴，而且不再区分会计控制和管理控制。至此，内部控制活动完成了从实践到理论的升华。1992年，美国COSO委员会提出的COSO报告对内部控制的定义是："内部控制是一个由董事会、经理层和其他员工为达到经营活动的效果性和效率性、财务报告的可靠性、相关法律法规的遵循性等三个目标而提供的合理保证的过程。"这个定义反映出如下几个基本概念：1. 内部控制是一种为了达到目的过程，讲求的是结果，但其本身不是目的。2. 内部控制是由人来执行和实施的，并非仅是政策手册与表格，且这些执行的人来自组织内每一个阶层。3. 可以预期内部控制仅能为企业的管理阶层与董事会提供合理保证，而非绝对保证。4. 内部控制有几种不同的类别,这些类别之间可能相互重叠,企业可配合使用一种或多种内部控制以达成多项目标。① 为确保信息的可靠性和真实性、资产的安全性、资源利用的经济性和效率性、法律法规和合约的遵循性等,国际内部审计师协会(IIA)职业实务准则将内部控制重新定义为:由管理层采取的任何旨在增加组织目标实现的可能性的行动及管理层为确保该目标实现而实施的足够的计划、组织和指导行动。② 财政部 2006 年将内部控制定义为"内部控制是指被审计单位为了合理保证财务报告的可靠性、经营的效率和效果以及对法律法规的遵守,由治理层、管理层和其他人员设计和执行的政策和程序"。

余德贵提出内部审计是内部控制的一个组成部分,是内部控制的一种特殊形式,也是强化内部会计监督的制度安排。它是一个组织内部对多种经营活动与控制系统的独立评价,以确定既定的政策和程序是否贯彻、建立的标准是否遵循、资源利用是否合理有效,以及控制目标是否达到。审计对会计资料的监督、审查不仅是内部控制的有效手段,也是保证会计资料真实、完整的重要措施。内部审计的作用在于监控行政事业单位活动是否符合内部控制框架的要求,评价内部控制的有效性,提供完善内部控制和纠正错弊的建议。③ 杨雄胜在《内部控制的性质与目标:来自演化经济学的观点》一文中指出,良好的内部控制制度应把"限制"与"激励"成员行为结合起来。为此,内部控制应把"适应性学习"能力的培养作为重构自己的一根主线。如果一种内部控制不利于组织"适应性学习"能力的形成并提高,那么就是失败的内部控制。这种内部控制按经济演化的要求,必须在惯例中无情地予以

---

① 程莉娜. ERP 视域下的公办幼儿园内部控制策略分析:基于西安市 35 所公办幼儿园的调查研究 [J]. 西安财经学院学报,2016,29(05):119-123.
② 杨淑娥,戴耀华,樊明武. CSA:一个内部控制发展的前沿 [J]. 当代财经,2006(03):79-82.
③ 余德贵. 行政事业单位内部控制制度的实施难点及突破 [J]. 商业会计,2009(01):53.

17

收缩。内部控制可以在演化机制中发挥积极引导的作用，通过规则衡量，奖励、支持、强化满意的适应性学习，惩罚、制止、淘汰不满意的适应性学习。①

杨雄胜根据逻辑学原理，综合运用人类学、生物学、社会学、组织学、管理学、经济学知识，提出"内部控制是运用专门手段工具及方法，防范与遏制非我与损我，保护与促进自我与益我的系统化制度"②。中国注册会计师协会认为"内部控制是一种政策和程序，该政策和程序须由治理层成员、管理层成员、其他人员设计和共同执行"③。李梦洁指出，内部控制是指组织内部建立的一系列制度、措施和规范，旨在保护组织财务资源、防止和控制风险，确保财务管理的合规性和有效性。内部控制的定义包括控制环境、风险评估、控制活动、信息沟通以及监督等要素。④刘德建认为，内部控制是指处于特定的环境时，企业为实现更加理想的经营管理效率，充分地获取并利用各种内部有效资源，借此实现预先拟定的经营管理目标，在此过程中借助各种企业内部组织、规划、程序和约束性条文等控制管理工具控制企业经营管理运作状况的过程。⑤姚霞在参考一系列学者的观点后，将内部控制简洁定义为一个单位为达到其经营管理目标，实现经营管理策略的贯彻执行，以及提高经营管理活动的经济性、效能性和效益性，而在单位内进行的自我调控、制约、规范、评估与管理的各种方式、手段和措施的统称。⑥

与此同时，在不同类型的单位中，内部控制的解释也有所不同。

---

① 杨雄胜.内部控制的性质与目标：来自演化经济学的观点［J］.会计研究，2006（11）：45-52.
② 杨雄胜.内部控制范畴定义探索［J］.会计研究，2011（08）：46-52，96.
③ 舒麟迪.关于我国商业银行内部控制的分析［J］.河北农机，2018（06）：46.
④ 李梦洁.事业单位的财务管理与内部控制［J］.纳税，2023，17（27）：94-96.
⑤ 刘德建.论应收账款管理中内部控制制度的建立［J］.中国集体经济，2023（29）：150-153.
⑥ 姚霞.关于行政事业单位内部控制的思考与建议［J］.内蒙古科技与经济，2023（17）：75-77.

具体来看,在公立医院中,内部控制被认为是以坚持公益性原则为前提的,是为了实现合法合规、风险可控、高质高效和可持续发展的运营目标,是医院内部建立的一种相互制约、相互监督的业务组织形式和职责分工制度,是通过制定制度、实施措施和执行程序,对公立医院经济活动的风险进行管控的方法和手段。[①] 在企业中,内部控制是一种权责分明的内部治理机制,能够有效实现利益相关者之间的权力制衡,是公司治理的核心部分,良好的内部控制能够提升公司的治理水平、优化企业的组织结构和权责分配机制。作为企业的一种内部治理制度,内部控制通过制定相关规则,明确企业内各契约方的职责和收益,维系企业本体与外部参与者间关系的均衡性。[②] 对于企业来说,内部控制是否适宜且有效,乃是评估其经营绩效的关键因素。尤其是在面对瞬息万变的外部环境下,面临全球化、国际化市场的挑战,企业需在日益白热化的竞争中寻求生存与可持续发展的空间,因此加强内部控制已成为当务之急。

按照主体不同,内部控制可以分为政府财政管理内部控制、政府部门内部控制和企业内部控制。其中,政府部门内部控制主要涉及作为行业主管部门的资源分配职能、部门中行政机关的资源使用职责、部门所属事业单位的资源使用职责相关控制标准,涵盖了政府组成部门内部控制、部门行政单位内部控制、部门事业单位内部控制,部门内部及单位内部的职责分工、内部决策、分级经办、工作流程、审批表单、信息平台等是内部控制建设的重点。[③]

内部控制的原则有三个,分别是全面性原则、重要性原则和制衡性原

---

① 刘莹. 公立医院内部控制建设现状及完善措施:以北京儿童医院为例 [J]. 财务与会计,2022(02):70-72.
② 林钟高,金迪. 关系交易、内部控制质量与公允价值的选用:基于投资性房地产视角的实证研究 [J]. 财经理论与实践,2018,39(03):68-75.
③ 杨真真,唐大鹏. "十四五"时期政府部门内部控制建设研究 [J]. 财政科学,2021(10):49-56,106.

则。这些原则要求行政事业单位在综合、全面地实施内部控制措施时，也能够分清主次方面，重点突破，实现各部门和岗位之间的相互制衡和高效沟通。[1] 在新的经济条件下，内部控制的主要目标涵盖三个方面：首先，在组织内部，致力于形成一种积极演化的机制；其次，在组织与环境的结合上，努力将组织建设成一个生态系统；最后，在整个社会中，力图使组织成为整个社会规则的主导者，以提高组织的影响力。与此同时，内部控制的具体目标受到行政事业单位性质的制约。由于行政事业单位具有公益性质，不以盈利为目标，其内部控制的根本目标在于规范地开展各项工作，不断提高公共服务质量，并推动社会经济的可持续发展。具体而言，行政事业单位加强内部控制建设的任务包括保证资产的安全性和完整性，预防和解决与经济活动相关的风险，组织治理层、管理层以及全体员工共同制定制度、实施措施，并执行各项程序。这一系列活动旨在确保行政事业单位的内部运作得到有效管理，更好地履行其公共服务职责。[2]

内部控制本质上属于单位内部管理的范畴。我国的行政事业单位数量庞大，实际状况差异显著，统一的规章制度难以尽善尽美，无法对各类具体问题进行清晰而详细的规定。因此，当下的迫切任务便是主管部门积极推动行政事业单位开展内部控制建设。各行政事业单位只要充分重视，仍然有能力根据自身的实际情况构建出高效的内部控制体系。[3]

（三）行政事业单位内部控制综述

行政事业单位内部控制是在企业内部控制基础上发展而来的。与西方发达国家相比，我国行政事业单位内部控制相关理论研究与实践起步较晚。20世纪末，在财政部的推动下，内部控制逐步受到各组织机构的重视，对其的

---

[1] 孔佳佳. 行政事业单位内部控制研究 [J]. 行政事业资产与财务, 2023 (18): 5-7.
[2] 高娣. 行政事业单位内部控制与风险管理 [J]. 财会学习, 2023 (28): 164-166.
[3] 李英, 刘国强. 再论行政事业单位内部控制建设若干基本问题 [J]. 财务与会计, 2015 (08): 40-41.

研究也陆续开启。1996年，财政部颁布《独立审计具体准则第9号》，首次将内部控制定义为，企业为了保障自身业务的顺利开展，并且为了保障资产的完整性和安全性，为避免违法犯罪事件的出现而施行的种种制度。1997年，人民银行制定出台《加强金融机构内部控制的指导原则》，这是第一个以行政制度出现的有关内部控制的规定。1999年，《会计法》被全面修订，首次将内部控制建立在法的基础上，提出要修订、完善本单位的内部控制监督制度。随后，财政部陆续颁布了一系列适用于国家行政单位、事业单位、社会团体、公司和其他组织的内部控制规范。2006年，我国内部控制标准委员会成立。2012年，财政部正式印发《行政事业单位内部控制规范（试行）》（以下简称《规范》），自2014年1月1日起在全国执行，填补了我国行政事业单位内部控制规范的空白，为我国行政事业单位全面建设和实施内部控制奠定指导基础。2015年，财政部印发《关于全面推进行政事业单位内部控制建设的指导意见》，进一步明确了内部控制工作的总体要求、主要任务和保障措施等内容，为行政事业单位加强内部控制建设指明了方向。2016—2017年，财政部相继出台了《关于开展行政事业单位内部控制基础性评价工作的通知》《行政事业单位内部控制报告管理制度（试行）》，促进了单位进一步加强内部控制建设工作，更好地发挥内部控制在提升单位内部治理水平、规范内部权力运行、推进依法行政和廉政建设中的重要作用。①

行政事业单位是指由国家机关、政府部门或其他行政机构设立的具有独立法人地位的组织，是国家行政机关和公共服务机构的重要组成部分，不以盈利为宗旨，而是以满足公共效益为目标。作为公共机构，其管理运作需要具备一定的内部控制能力，以防范和规避风险，确保良好的管理效果和财务状况。

---

① 李娟，唐韶龙. 行政事业单位内部控制发展现状及对策分析［J］. 经济研究参考，2017（61）：81-89.

行政事业单位内部控制，是指单位通过制定制度、采取相关的控制措施、启动各种科学合理的程序，对经济活动的风险进行防范和管控，是单位为了防范风险而建立的内部管理系统，又是为实现控制目标的自我约束和规范的过程，是静态和动态的结合，是一个不断完善的过程。孙惠和朱小芳认为，行政事业单位内部控制是行政事业单位为履行公共服务职能、实现总体目标而规避和应对风险的自我约束和规范的过程，主要包括控制环境、风险评估、控制活动、信息沟通、内部控制监督等要素，是融行政管理和财务会计系统为一体的组织管理体系，内容包括货币资金、采购与付款业务、固定资产、对外投资、工程项目和收入内部控制等。[①] 王会川在探讨行政事业单位内部控制信息化技术路线时指出，行政事业单位内部控制是一个为了保证单位经济活动的合法合规性、国有资产资金的安全性、财税财务信息的真实完整性，并且有效防范权力寻租、暗箱操作的过程，是预防腐败的内在需要，是行政事业单位治理的基石。[②] 刘丽认为，行政事业单位内部控制是构建财会监督体系、提高政府治理能力的重要途径。[③] 张慧指出，行政事业单位内部控制制度是政府部门管理制度的重要组成部分，制度建设遵循以预算为主线、以管控为核心、以流程为依据，对单位内部经济活动和业务支出提供合法合规、安全有效、真实完整的数据与制度支持，予以财务信息工作的合理保障、财务工作人员的自我约束及规范，真正发挥"管权、管人、管钱"的关键作用。[④] 李佳在对国民经济进行研究之后，指出行政事业单位内

[①] 孙惠，朱小芳. 行政事业单位内部控制问题探究 [J]. 财会通讯，2012 (29)：110-111.

[②] 王会川. 行政事业单位内部控制信息化建设路线探讨 [J]. 经济研究参考，2017 (34)：109-112.

[③] 刘丽，续慧泓. S省行政事业单位内部控制报告研究：基于内控编报情况分析 [J]. 财务与会计，2023 (03)：13-17.

[④] 张慧. 行政事业单位内部控制制度建设问题及对策探讨 [J]. 质量与市场，2023 (18)：238-240.

部控制是一种能够使业务活动在符合法律法规的前提下，依据一定规范程序，降低单位经济业务活动所带来的风险，从而保证行政事业单位有序、良性、可持续发展的制度。这一制度通过制定计划目标的科学方法，覆盖行政事业单位预算管理、收支管理、资产管理等多方面业务，使单位内部各项业务操作流程相互制约、互相促进，从而提升管理工作效率，保证国有资产安全、财务信息完整性和财务报告可靠性、稳定性、有效性。[①]

行政事业单位开展内部控制建设的基本情况如下：

1. 行政事业单位比较重视内部管理和控制。重视建章立制、加强内部管理，本质上是行政事业单位重视内部控制的一种表现。

2. 不同单位的内部控制建设进程差异较大。级别高、规模大、影响力强的行政事业单位明显更加重视内部控制工作，内控方面的制度规范更加健全，实际执行也更加到位；级别低、规模小的单位相对而言对内部控制建设不够重视，内控相关工作形式化、表面化现象较明显。在单位级别、规模和重要性相当的情况下，业务内容越复杂，内部控制搞得越好，业务内容越简单，内部控制也相应简化。行政事业单位内部控制通常是自上而下逐级推动，出现上述现象的原因主要是行政事业单位内部控制建设的推动者存在明显的抓大放小意识，推动力随着单位级别链条的延伸出现逐级衰减的现象。

3. 具体做法存在差异。有的单位根据自身各类业务活动的需要，制定了比较全面系统的内部控制制度体系，控制对象、控制方法、具体措施等远远超出了《规范》提到的内容，实际执行效果也非常好。有的单位的内部控制建设则是对《规范》条条框框的生搬硬套，《规范》中有的内容照猫画虎，没有提到的内容则一概不管，明显僵化且流于形式。[②]

[①] 李佳. 行政事业单位内部控制和预算绩效管理探究［J］. 质量与市场，2023（16）：82-84.

[②] 李英，刘国强. 再论行政事业单位内部控制建设若干基本问题［J］. 财务与会计，2015（08）：40-41.

那么行政事业单位内部控制的目标又是什么呢？行政事业单位内部控制有五个目标。一、合理保证单位开展的经济活动是在国家法律法规规定的轨道上运行，即合规性目标；二、资产安全性目标，通过内部控制建设合理保证单位资产在安全的基础上使用的有效性，资产安全性目标的实现有赖于单位里各个部门，即资产管理部门、资产使用部门的配合；三、合理保证财务信息的真实与完整，简称为报告目标，这个目标虽然有赖于财务人员完成，但同时离不开业务部门的配合，只有业务部门提供的数据真实可靠，财务部门才能据此给出真实的会计信息；四、有效防范舞弊和预防腐败，即防舞弊目标，十八大以来，我国防腐力度进一步加强，习近平总书记提出老虎苍蝇一起打，一个也不放过，在这样的背景下，我们常会听到一句话，将权力关进制度的笼子，这里所指的制度，其中就包括内部控制制度，内部控制制度的建设要起到防舞弊、防腐败的作用；五、提高行政事业单位的服务效率、提升其服务效果，这是行政事业单位内部控制的最终目标。综合上述内容，行政事业单位之所以要建设、实施内部控制，目的是实现行政事业单位经济活动的合规性、资产安全性、财务信息真实完整性及防舞弊目标，最终实现提高行政事业单位的服务效率、提升其服务效果的终极目标。为了实现以上提到的五大目标，行政事业单位要树立起内部控制全面、全员、全过程控制的理念，上至单位领导，下至普通员工，全员参与内部控制，使内部控制贯穿行政事业单位决策、执行、监督的全过程，涉及单位经济活动的各方面。[①]

纵观整个研究历程可以发现，我国行政事业单位内部控制研究起步相对较晚，主要借鉴了国外公共事业部门和国内企业内部控制的发展成果。在框架结构、控制要素以及控制活动的设计上，留有较多"舶来"痕迹。然

---

① 钱晶晶. 简述行政事业单位内部控制建设［J］. 中国国际财经（中英文），2017（22）：87-88.

而，这一体系是否完全适应我国行政事业单位的实际情况，仍需在实践中进一步验证。同时，我国行政事业单位内部控制的实践也相对开始得较迟，《规范》自2014年1月才开始施行。实施过程面临着许多问题，需要更深入的内部控制理论指导。这意味着我们需要发展符合我国国情的行政事业单位内部控制理论。中国正在建设具有中国特色的社会主义社会，这包括了鲜明的政治特色和制度优势，这是西方国家所不具备的。因此，我们不能简单地照抄西方国家公共部门内部控制理论，而应构建一个适应中国国情的行政事业单位内部控制理论体系。这一理论体系应该能够反映我国的政党制度、人民代表大会制度、政治协商制度等制度优势，并充分发挥党的监督、人大监督、群众监督在行政事业单位内部控制建设中的作用。这不仅是对制度自信的体现，更是提升国家治理体系和治理能力的必然要求。①

二、研究评价

综合行政事业单位改革、内部控制以及行政事业单位内部控制的文献综述，我们得以深入了解这一领域的研究现状和发展趋势。

行政事业单位改革是一个复杂而重要的议题，它不仅牵涉到公共管理体制的调整，还涉及组织内部管理机制的优化和创新。文献表明，学者们目前主要关注行政事业单位改革的动因、目标、实施过程、改革对行政效能和服务水平的影响，以及改革的具体内容，包括组织结构调整、管理体制创新、人才培养等方面的实践经验。改革的动力来自社会对公共服务效率和质量的不断提升的期望，以及对行政事业单位在市场经济中更灵活运作的需求。改革的广度和深度涉及组织结构、管理模式、激励机制等多个方面。成功的改革需要有序的计划和有力的执行，同时也需要关注改革过程中可能出现地问

---

① 邵永华. 行政事业单位内部控制研究：以JS省交通运输厅为例［D］. 昆明：云南财经大学，2022.

题，如组织文化的冲突、员工抵触情绪等。在改革的推进中，不同层级、规模和类型的行政事业单位会面临各自不同的挑战，因此需要因地制宜地制定改革方案。

内部控制，作为管理科学中的核心概念之一，在这一改革过程中扮演着关键的角色，有助于规范和优化行政事业单位的经济活动，提高其运作效率和资源利用率。在研究中，学者们主要关注内部控制的理论框架、基本要素和实施方式，强调内部控制在提高组织经营效率和防范风险方面的关键作用。研究集中在内部控制的原则、目标、影响因素等方面，以及内部控制与治理结构、公司绩效之间的关系。部分研究突出了内部控制的信息化和技术支持，强调随着科技的进步，内部控制也需要不断创新。从文献综述可以看出，内部控制不仅仅是一种监督手段，更是一种自我约束和规范的过程，有助于防范和化解与经济活动相关的风险。特别是在改革过程中，内部控制可以为行政事业单位提供稳定的管理基础，确保改革方向的准确性和可行性。对内部控制的深入研究还揭示了其与组织治理、权责分明等方面的内在联系，为构建科学有效的管理体系提供了理论支持。

行政事业单位内部控制，这一专题更是对内部控制理论在公共管理领域的具体应用进行了深刻的剖析。通过文献的综合分析，我们可以看到，研究重点关注行政事业单位内部控制的规范制度、实施情况，以及内部控制在提升服务效率和防范腐败方面的应用。学者们呼吁在行政事业单位内部控制建设中注重信息化技术的应用，以提高内部控制的效率和适应性。我国行政事业单位内部控制的研究开始得较晚，但在短时间内取得了显著进展。内部控制的推行不仅仅是组织内控制制度的建立，更涉及全员的参与和全过程的控制。而对于我国行政事业单位而言，建设适应国情的内部控制理论体系至关重要，需要在理论构建上更好地融入中国特色社会主义的实践和制度优势。

综合三个主题词的文献综述，我们可以看出，对行政事业单位内部控制的研究有以下三个方面的趋势。第一，跨学科研究。学者倾向于综合运用管理学、经济学、信息技术科学等多个学科的知识，以更全面地理解和解决行政事业单位改革和内部控制的问题。第二，信息技术与内部控制融合。学者普遍关注将信息技术与内部控制融合的可能性，以提高内部控制的精细化和自动化水平。第三，适应性和灵活性。研究强调内部控制需要具备适应性和灵活性，能够应对不断变化的外部环境和组织内部的变革。

未来的研究可能会更加注重实践导向、全球化视野和新兴技术的应用。学者可能更加注重将研究成果转化为实践指导，关注实际行政事业单位改革和内部控制建设的经验总结和实证研究。同时，随着全球化的不断推进，未来的研究将会更加注重跨国比较，借鉴其他国家的成功经验和做法。随着新兴技术的涌现，研究的关注点拓展到人工智能、大数据分析这些领域，探讨新技术在行政事业单位改革和内部控制中的应用也成为可能。

第二章

行政事业单位内部控制的理论与制度发展

第一节 基本概念

一、行政事业单位

公共关系学所称的"社会组织",是人们为了实现既定的目的,根据事前约定的宗旨、制度、系统等一系列要素,构建起来的共同活动集体。按照社会学的理论,社会组织被区分为三种类型:政治机构、企业机构和非营利机构。这些机构是构成社会有机整体的组成部分。政治机构包括权力、行政和司法机关;企业机构包括公司制和非公司制企业;非营利机构包括各种社会团体、行业协会等。行政事业单位是进行行政管理、开展经济和文化建设、保障公共秩序的机构,在所有社会组织中扮演着重要的角色,承担着重要的功能。因为在中国特有的政治体制中,行政单位与事业单位通常不分家,所以行政事业单位是二者的统称。

(一)行政单位

我国的行政单位有广义行政单位和狭义行政单位两方面的含义,广义的行政单位是指进行国家行政管理、组织经济建设和文化建设、维护社会公共秩序的单位，主要包括国家权力机关、行政机关、司法机关，以及实行预算管理的其他机关、政党组织等。行政单位与行政机关存在区别，其特点是行政单位的生产活动具有非营利性，资金来源单一，其人员实行公务员体制管理，经费、工资福利等全部由政府拨付。狭义的行政单位是指各级政府及其管辖的承担具体业务的各部门。在现代社会，行政单位是社会各种组织中规模最大的组织，其管辖范围涉及社会生活的各个方面、各个领域、各个团体。

我国行政单位可以分为六部分。第一部分是国家权力机关，即全国人民代表大会及其常务委员会、地方各级人民代表大会及其常务委员会；第二部分是各级行政机关，即中央政府、地方政府、基层政府的各级机关，国家的派出机构等；第三部分是各级审判机关和检察机关，即各级人民法院和各级人民检察院；第四部分是政党组织，包括中国共产党、各民主党派以及共青团、妇联、工会等；第五部分是接受国家预算拨款的人民团体；第六部分是国家规定的其他单位或组织。行政单位承担着社会管理的职能，旨在增进社会福利，开展社会公共业务，不断满足人民在教育、科技、文化与公共卫生等方面的需要。

（二）事业单位

事业单位组织是中国特有的公共组织之一。关于事业单位组织的界定有较多说法。1998年国务院颁布的《事业单位登记管理暂行条例》界定事业单位是以社会公益为目的，由国家机关举办或者其他组织利用国有资产举办的，从事教育、科技、文化、卫生等活动的社会服务组织。2004年中华人民共和国国务院发布第411号令《国务院关于修改〈事业单位登记管理暂行条例〉的决定》。2016年1月1日起施行的《事业单位登记管理暂行条例实施细则》规定，事业单位是指国家为了社会公益目的，由国家机关举办或者其他组织利用国有资产举办的，从事教育、科研、文化、卫生、体育等活动的社会服务组织。事业单位一般是国家设置的带有一定公益性质的机构，但不属于政府机构，受国家行政机关领导，其表现形式为组织或机构的法人实体，它的社会角色定位是社会服务组织。相比于企业组织和行政单位，事业单位具有公益性、国有性、服务性三个最明显的特征。

公益性是由事业单位社会功能和市场经济体制的客观要求决定的，事业单位特定的角色定位使其所追求的首先是社会整体利益和国家的长远利益。但事业单位的公益性并不存在唯一性，它在保证社会公益的前提下，为实现事业单位的健康持续发展和社会服务系统的良性循环，允许其按照国家规定的服务价格标准向接受服务的单位和个人收取一定的服务费用。可见，事业单位的公益性既包括社会效益，也包括一定的经济效益，既提供无偿服务，也提供有偿服务。

国有性是由国家职能和社会公共需要决定的，也是事业单位区分于民办非企业单位的主要特征之一。由于事业单位主要是为社会提供所需要的公共产品以及公共服务，所以其运营经费一般自国家财政资金拨款。随着事业单位体制改革的深化和发展，虽然国家的财政拨款在事业单位的经费中仍然占主导地位，但事业单位经费来源也呈现出多元化趋势，例如公助民办、公办民助、合资合作和股份制等形式的经费占比也在逐年增加。

服务性是事业单位最基本、最鲜明的特征，事业单位的主要功能是提供社会公共产品与公共服务，包括教育、科技、文化、卫生、体育等领域的社会服务支持系统，满足社会公共需求，保障国家政治、经济、文化生活正常运行。服务性是行政事业单位构建服务型政府、促进行政单位改革的本质属性。

（三）行政事业单位改革

改革开放以来，伴随着经济体制改革和行政管理体制改革的深化，行政事业单位改革也在不断推进。与此同时，随着人民群众需求的多样化，我国仍面临着社会事业发展滞后的问题，作为我国行政机构改革的遗留产物，一部分承担行政职能的事业单位并没有被纳入国家公务人员的管理，导致公共机构利用所占公共资源乱收费、乱罚款的现象频出。一方面，面对新形势、新要求，我国社会事业发展相对滞后，一些行政事业单位机构臃肿、职能定位模糊、政事不分、政企不分、机构内部机制缺乏灵活性，导致事业单位公共服务供给总量不足、供给方式单一，并且缺乏服务供给效率。另一方面，部分行政事业单位追求部门利益和个人利益，偏离了公共机构提供基本公共服务的基本价值取向，成为行政事业单位改革的最大阻力。这些问题严重影响我国公益福利事业健康发展、降低人民群众社会福利水平，迫切需要行政事业单位改革加以解决。

习近平总书记强调，加快推进事业单位改革是适应我国社会主要矛盾变化、推动公益事业平衡充分发展的迫切需要。进入新时代，我国社会主要矛盾已经发生变化，人民群众期盼获得更好的教育、更加公平的社会保障、更加高效的公共社会服务，同样对公益事业的要求逐步多样化、高水平化。2012年，党中央、国务院发布了《关于分类推进事业单位改革的指导意见》，明确了改革的原则，提出了改革的总目标和阶段性目标，要求到2020年建立起功能明确、治理完善、运行高效、监督有力的管理体制和运行机制。党的十八届三中全会指出，"加快行政事业单位分类改革，加大政府购买公共服务力度，推动公办事业单位与主管部门理顺关系和去行政化，创造条件逐步取消学校、科研院所、医院等单位的行政级别。建立事业单位法人治理结构，推进有条件的事业单位转为企业或社会组织，建立各类事业单位统一登记管理制度"[①]。

---

① 中国共产党第十八届中央委员会第三次全体会议公报[EB/OL]. 人民网，2013-11-12.

《关于分类推进事业单位改革的指导意见》指出，事业单位分类改革是指将现有事业单位按照社会功能划分为承担行政职能、从事生产经营活动和从事公益服务三个类别。对承担行政职能的，逐步将其行政职能划归行政机构或转为行政机构；对从事生产经营活动的，逐步将其转为企业；对从事公益服务的，继续将其保留在事业单位序列，强化其公益属性。根据职责任务、服务对象和资源配置的不同，从事公益服务的事业单位又被划分为两类：承担义务教育、基础性科研、公共文化、公共卫生及基层的基本医疗服务等基本公益服务，不能或不宜由市场配置资源的，划入公益一类；承担高等教育、非营利医疗等公益服务，可部分由市场配置资源的，划入公益二类。正如国家行政学院教授宋世明所说，要达到"行政的归行政，市场的归市场"，改革后的事业单位，即从事公益服务的事业单位，应成为建设服务型政府的重要组织支撑，成为提供基本公共服务的主力军，以实现政府提供公共服务的核心职能。

党的十九届三中全会审议通过的《中共中央关于深化党和国家机构改革的决定》，对加快推进事业单位改革进一步做出全面部署，为我们加快推进行政事业单位改革指明了方向、提供了依据。第一，结合党和国家机构改革，立足现实、着眼未来，解决制约行政事业单位改革的机制障碍，在关键领域获得更大突破。第二，要全面推进承担行政职能的事业单位改革，理顺政事关系，实现政事分开，不再设立承担行政职能的事业单位。通过改革，实现行政职能回归行政机关，避免政出多门，不断提高政府行政效率。第三，加大从事经营活动事业单位改革力度，推进事企分开，激发经营单位市场竞争力和内生发展动力，将其转为能够自主经营与自我发展的市场主体。第四，区分情况实施公益类事业单位改革，面向社会提供公益服务的事业单位，要理顺同主管部门的关系，实现管办分离，不断强化其公益属性，破除其逐利壁垒。公益类是事业单位的主体，也是行政事业单位改革成功的关键所在，去行政化与去营利性则成为创新体制机制、构建新型政事关系的关键举措。同时，为政府机关提供技术性、辅助性保障和服务的事业单位，要不断明确其职能定位，逐步压缩规模，实现严格管理，只承担为机关提供支持和保障的职能，不能越界管理。根据不同事业单位特点实施分类管理和改革，在推进政事分开、事企分开、强化公益属性等方面取得重大成果，在守住财政供养人员只减不增底线的同时，调整单位内部布局结构、优化资源配置、提高运行效率，有力促进公益事业健康发展，提高人民群众的公益福利水平，不断满足人民群众日益增长的美好生活需要。

二、内部控制

目前已有学者对内部控制做出定义，受其视角、关注重点的不同，对其的定义并未统一，学者们普遍将内部控制理解为组织的一种管理手段，认为其对于组织管理能起到关键作用。国外较为经典的是美国审计准则委员会（ASB）对内部控制的定义。1972年，美国审计准则委员会制定《审计准则公告》，该公告按照《证券交易法》的路线进行研究和讨论，他们认为"内部控制是在一定的环境下，单位为了提高经营效率、充分有效地获得和使用各种资源，达到既定管理目标，在单位内部实施的各种制约和调节的组织、计划、程序和方法"[1]。

2003年，罗飞提出，内部控制是指财政部门为最大限度实现国家财政目标、建立一定控制制度和程序、致力于监督和控制财政收支活动的管理机制。[2] 2005年，何振一提出，财政内部控制是政府财政管理职能部门的自我监督，他认为财政内部控制应该贯穿财政管理运行全过程，既要涵盖一般业务管理活动，又要涵盖非一般业务管理活动，这样才能有效地对财政内部进

---

[1] 参见网址：https：//baike. so. com/doc/5373272-32333879. html.
[2] 罗飞. 公共资产游离及其经济学分析 [J]. 江西财经大学学报，2013（01）：47-52.

行监督,不留纰漏,最大限度地发挥财政内部控制的效力。① 两位学者针对财政内部控制给出了明确的定义,但是其侧重点有所不同,罗飞给出的定义与我国《行政事业单位内部控制规范(试行)》中对行政事业单位的内部控制对象的规定基本一致。但何振一却强调了内部控制过程要涵盖财政管理运行的全过程,既要包括一般管理活动,也要存在于一般管理活动之中。

诸多学者对内部控制的定义具体化、全面化地展开研究,即内部控制是指一个单位为了实现其经营目标,保护资产的安全完整,保证会计信息资料的正确可靠,确保经营方针的贯彻执行,保证经营活动的经济性、效率性和效果性而在单位内部采取的自我调整、约束、规划、评价和控制的一系列方法、手段与措施的总称。随后,内部控制作为一种有效的管理手段被不断运用于各种社会组织中,2012 年我国为了进一步提高行政事业单位内部管理水平、规范内部控制、加强廉政风险防控机制建设,财政部印发《行政事业单位内部控制规范(试行)》,其中指明内部控制是指行政单位为实现控制目标,通过制定制度、实施措施和执行程序,对经济活动的风险进行防范和管控。②

第二节 基础理论

一、内部控制理论

内部控制理论直到 20 世纪 30 年代才开始被人们提出、认识和接受,其

---

① 何振一. 构建与完善财政内控体系的研究 [J]. 财政监督,2005(08)8-9.
② 中华人民共和国财政部. 关于印发《行政事业单位内部控制规范(试行)》的通知 [EB/OL]. 中华人民共和国财政部官网,2012-12-17.

最早应用于企业管理中。作为一种组织管理手段,内部控制理论已经有很长的发展历史,人们对内部控制理论的内涵理解是不断发展、不断演变的,理论界通常将内部控制理论分为五个发展阶段,分别为内部牵制阶段、内部控制制度阶段、内部控制结构阶段、内部控制整体框架阶段和内部控制风险管控阶段。

20世纪40年代以前,内部控制理论的发展都处于内部牵制阶段。该时期的内部牵制,基本是以预防差错为目的,以职务分离和账目核对为手法,以钱、账、物等会计事项为主要控制对象。其主要特点是以任何个人或部门不能单独控制任何一项或一部分业务权利的方式进行组织上的责任分工,每项业务通过正常发挥其他个人或部门的功能进行交叉检查或交叉控制。至今,内部牵制依然被看作内部控制的重要基础。

20世纪40年代至70年代,内部控制理论的发展处于内部控制制度阶段。1936年,美国颁布了《独立公共会计师对财务报表的审查》,首次定义了内部控制:"内部稽核与控制制度是指为保证公司现金和其他资产的安全,检查账簿记录的准确性而采取的各种措施和方法。"[1] 1958年,美国审计委员会首次明确提出:内部控制既包括会计控制又包括管理特征。这一认知逐渐被各国理论界所认可,内部控制制度得到不断完善,逐步发展为一个更为严密的控制系统。1973年,美国审计程序公告又将内部控制制度分为两类:内部会计控制制度和内部管理控制制度。内部管理控制制度包括且不限于组织结构的计划以及关于管理部门对事项核准的决策步骤上的程序与记录。会计控制制度包括组织机构的设计以及与财产保护和财务会计记录可靠性有直接关系的各种措施。

20世纪80年代,理论界对于内部控制的研究越来越重视,内部控制的

---

[1] 郭诗勇,曹恒萍,邵天营.重大错报风险导向审计与内部控制评审策略[J].财会月刊(下),2013:(20)92-94.

发展进入内部控制结构阶段，该阶段的内部控制也称为三要素内部控制，包括控制环境、会计制度和控制程序三方面内容。内部控制结构是从一般含义向具体内容的转变，是一个从"制度"向"框架"转变的过程。与之前两种内部控制理论不同的是，在内部控制结构阶段，内部控制不仅仅关注资产及其记录的安全问题，而且还关注企业的组织经营管理问题，由此可见，内部控制的范围得到了很大程度的扩展。

20世纪90年代，内部控制发展进入内部控制整体框架阶段，1994年《内部控制——整合框架》（COSO报告）认为内部控制不仅仅是一个结构，更是一个程序，它将内部控制框架的内容分为定义、控制环境、风险评估、控制活动、信息和沟通、监督，同时也阐述了营运的效率效果、财务报告的可靠性、相关法律法规的遵循性构成内部控制的三个目标。[1] COSO报告对内部控制突破性的定义，标志着内部控制实现了从"方法程序观"向"过程观"的转变、从以往的"静态"向"动态"的转变，是内部控制发展史上最具革命性的变革。

进入21世纪，内部控制的发展进入内部控制风险管控阶段。COSO委员会在2004年发布了《企业风险管理——整合框架》（ERM框架），该报告指出内部控制是企业风险管理的重要组成部分。[2] 企业风险管理相比于内部控制内容更加广泛，将风险评估进一步细化为目标设定、事项识别、风险评估和风险应对等。同时，该报告也对1994年报告中的内部控制目标做了进一步解读，将战略目标加入其中，使得内部控制目标更加完整，即战略目标、经营目标、报告目标、合法性目标。但是ERM框架并没有立即取代《内部控制——整合框架》，而是涵盖和拓展了后者。

---

[1] Treadway 委员会发起组织委员会（COSO）. 内部控制：整合框架 [M]. 方红星，译. 大连：东北财经大学出版社，2008.
[2] Treadway 委员会发起组织委员会（COSO）. 内部控制：整合框架 [M]. 方红星，译. 大连：东北财经大学出版社，2005.

二、系统论

系统是由相互联系和相互作用的若干要素有机地结合成特定的结构，从而具有不同于各个要素的新功能的整体。系统论的主要任务就是以系统为对象，从整体视角来研究系统整体和组成系统整体各要素的相互关系，从本质上说明其结构、功能、行为和动态，以把握系统整体，达到最优目标。内部控制中涉及多个要素，因此在对企业或单位进行内部控制建设时，从系统论的角度出发，能够清楚地认识到内部控制系统具有的整体性、层次性和动态性。

系统论的核心思想是系统的整体观念。贝塔朗菲强调，任何系统都是一个有机的整体，它不是各个部分的机械组合或简单相加，系统的整体功能是各要素在孤立状态下所没有的性质。他用亚里士多德的"整体大于部分之和"的名言来说明系统的整体性，反对那种认为要素性能好，整体性能一定好，以局部说明整体的机械论的观点。他认为，系统中各要素不是孤立地存在着，每个要素在系统中都处于一定的位置上，起着特定的作用。要素之间相互关联，构成了一个不可分割的整体。要素是整体中的要素，如果将要素从系统整体中割离出来，它将失去要素的作用，例如手在人体中是劳动的器官，一旦将手从人体中砍下来，它就不再是劳动的器官，也不能再发挥其所应有的价值和作用。

行政事业单位内部控制系统是一个动态的执行过程。制度规范重在执行，企业或者行政事业单位没有完善的内部控制规范，或者缺失了制定过程，内部控制也达不到理想的效果。这就要求企业或者单位，不断强化风险意识，把内部控制理念贯穿到整体性的经营和管理活动中去。内部控制系统是一个"由点到线、由线到面、由面到体"的动态执行过程，其中系统内的各个要素之间是相互联系且不可分割的。行政事业单位在实施内部控制过程中要从整体、全面的视角来考虑问题,不能仅仅局限于一个部门或一个流程。此外,行政事业单位内部控制系统是一种管理工具,该系统处于一定的环境之中,并受到整体环境的影响。内部控制系统是治理体系中一个子系统,它受到行政事业单位所处的社会环境的影响,其内部控制要与政府治理相结合。因此,行政单位的内部控制应该全面贯彻到行政事业单位的各个部门,贯穿内部决策、执行和监督的全过程,覆盖各个部门、各个单位、各个管理流程,从而整体上提升内部控制水平和效果。

三、风险管理理论

风险是事件发生的不确定性,风险管理是指将企业或者单位在一个肯定有风险的环境里把风险降至最低的管理过程,通过对风险的认识、衡量和分析,选择最有效的方式,主动地、有目的地、有计划地处理风险,以最小的成本争取最大安全保证的管理方法。风险管理是一个优先考虑可能造成最大损害和最有可能首先发生的事情的过程,而风险相对较低的事情则被推迟。任何企业和单位都不可避免地会遇到各种各样的风险,使企业变化波动程度提高,从而增加企业的风险性。同时,企业面临的风险还会带来获得超额收益的机会。对于行政和事业单位来说,国家政策等外部环境因素无法改变,在此背景下通过对单位内部组织、人员、业务、财务等方面采取一定的控制方法,制定控制措施和程序,同样能实现风险管理目标。

企业和行政事业单位的管理者不应该简单地否认风险,而应该对风险有更充分的认识。良好的风险管理有助于降低决策失误的概率、避免损失的可能,从而不断提高本身的附加价值。因此,风险管理对于企业行政事业单位的长远发展具有极为重要的意义。

风险管理的本质是以预先判断的方式消除风险造成的各种灾难后果。它包括一套科学、系统的管理方法,如风险识别、风险评估、风险控制等,即

<<< 第二章 行政事业单位内部控制的理论与制度发展

利用系统工程的方法和观点研究风险与环境之间的关系。使用安全系统工程的理论和分析方法来识别危险、评估风险，然后根据成本效益分析对我们现有的风险做出科学和客观的处理决策，以确定应对风险的最佳解决方案。风险管理是一个系统性的过程，它通过对风险的识别和评估，制定有效的风险管理计划，并将其付诸实施。

美国COSO委托普华永道开发的《企业风险管理——整合框架》中指出，企业风险管理框架包括八个方面：①内部环境：内部环境包含组织基调，它为主体内的人员如何认识和对待风险设定了基础，包括风险管理理念和风险容量、诚信和道德价值观，以及他们所处的经营环境；②目标设定：首先要有目标，管理当局才能识别影响目标实现的潜在事项，企业风险管理确保管理当局采取适合的程序去设定目标，确保所选定的目标支持和切合该主体的使命，并且与他的风险容量相符；③事项识别：必须识别影响主体目标实现的内部和外部事项，区分风险和机会，机会会被反馈到管理当局的战略或者目标制定过程中；④风险评估：通过考虑风险的可能性和影响，对其加以分析，以此作为决定管理方案的依据，另外，风险评估要立足于固有风险与剩余风险；⑤风险应对：管理当局选择风险应对—风险回避—风险承受—风险降低—分担风险，采取一系列行动以便把风险控制在主体的风险容限和风险容量以内；⑥控制活动：制定和执行政策与程序以帮助确保风险应对得以有效实施；⑦信息与沟通：通过沟通可以获取更多的信息，从而确保员工履行其职责的基础上对时机予以识别、获取和沟通；⑧监控：监控可以通过持续的管理活动、个别评价或者两者结合来完成，从而对企业管理进行全面的监控，必要时加以修正。① 企业的风险管理并不是一个严格的顺次过程，一个构成要素并不直接决定接下来的另一个构成要素。风险管理是一个

---

① Treadway委员会发起组织委员会（COSO）. 内部控制：整合框架 [M]. 方红星，译. 大连：东北财经大学出版社，2005.

多方向、反复的过程，在这个过程中几乎每一个构成要素都能够影响其他构成要素。

行政事业单位的风险主要有外部风险和内部风险两种。其中，行政事业单位外部风险包括财政预算安排风险、资金审计风险、国家政策变化风险等。行政事业单位的主要产品是社会公共服务和社会管理，其主要资源来源于政府的投入或政府购买服务的力度。政府预算安排是行政事业单位主要的外部风险，这一风险的存在，单位无法改变，但可以通过与政府不断沟通，影响政府预算安排来处理风险。行政事业单位的内部风险来源于管理者的决策，内部资源的管理与调配以及内部员工的执行力度，都不同程度地影响着单位目标的实现，这就是内部风险。行政事业单位都有各自的内部治理结构，有的治理结构比较松散，而有的治理结构则比较严谨。有的治理结构的权力比较集中，主要集中在决策层，这容易导致领导干部一言堂，不利于科学民主决策。有的治理结构的权力又过于分散，分散在分管领导和各事业部中，这样会导致各自为政，不利于统一的组织协调，造成资源内耗。因此，可以合理构建科学的内部治理结构，有效控制行政事业单位的内部风险。

第三节　行政事业单位内部控制制度发展

内部控制最早在企业及其他行业性部门出现，我国对行政事业单位内部控制的实践开始于20世纪90年代，此后，我国陆续出台了一系列行政事业单位内部控制的法律法规及规范性文件，涉及对行政事业单位财务、人事、管理、信息等方面的内部控制及监督的要求。

内部控制相关法律法规起步于美国COSO1992及塞班斯法案，然后延伸至大中型企业,最后形成体系。要研究行政事业单位内部控制制度的发展,首先需要追溯内部控制制度在国际与国内企业层面的演变历程。

一、COSO报告

COSO是美国反虚假财务报告委员会下属的发起人委员会,由美国注册会计协会等5个职业团体组建,在金融欺诈不断增生的20世纪90年代应运而生。早期的COSO报告为我国内部控制体系法规提供了理论框架和编写蓝本,其所颁布的有关内部控制的相关法规如下表所示。

表2-1 COSO颁布的有关内部控制的相关法规

年份	相关法规	法规内容
1988	《AICPA》	内部控制三要素
1992	《内部控制——整合框架》	内部控制五要素:控制环境、风险评估、控制活动、信息与沟通、监督
2004	《企业风险管理——整合框架》	风险管理八要素:内部环境、目标设定、事项识别、风险评估、风险应对、控制活动、信息与沟通、监控
2013	《内部控制——整合框架(修订版)》	内部控制五要素
2017	《企业风险管理——整合框架(修订版)》	风险理念革新

其中,1992年COSO颁布《内部控制——整合框架》明确了内部控制的五个要素,我国2008年所颁布的《企业内部控制规范》就是以此为基础进行撰写的。COSO报告的特别之处,是内部控制与风险管理并行,风险管理包含内部控制。其中,风险管理将控制管理提前,侧重于围绕目标设定对风险的识别、评估和应对处理。在战略层面拓展内部控制中"风险评估"的要素,把内部控制的对象扩展为风险,从而使得内部控制的设计、建设、运

行、独立检查、评价都基于风险分析,因此,内部控制和风险管理在要素层面基本上趋同。

二、我国企业内部控制相关制度发展

(一) 我国企业内部审计制度的建立及发展

1983年,中华人民共和国审计署成立前夕,国务院转发了审计署《关于开展审计工作几个问题的请示》,报告提出建立内部审计监督制度问题。文件指出:建立和健全部门、单位的内部审计,是搞好国家审计监督工作的基础。① 1983年9月,中国石化总公司率先成立审计部,开展了内部审计监督活动。

1985年8月,国务院发布《内部审计暂行规定》,为内部审计提供了法律依据。《内部审计暂行规定》要求政府部门和大中型企业事业单位实行内部审计监督制度。

1985年12月,审计署颁布《审计署关于内部审计工作的若干规定》,这是审计署成立后第一个关于内部审计工作的法规文件,对我国的内部审计工作进行了规范;1989年12月5日,审计署重新颁布《审计署关于内部审计工作的规定》,废止1985年的规定,此次规定是对1985年规定的查缺补漏;1995年7月14日,审计长郭振乾颁布中华人民共和国审计署令第1号《审计署关于内部审计工作的规定》取代1989年的规定,这次规定较之前有了较大的改变,目前我国的内部审计工作大多是按照此规定进行的;2003年3月4日,审计长李金华签署了中华人民共和国审计署令第4号《审计署关于内部审计工作的规定》,要求自2003年5月1日实行新规定,此次规定是在总结1995年规定的经验基础上,适应新的形势需要而制定的,体现了与时俱

---

① 国务院批转审计署关于开展审计工作几个问题的请示的通知 [J]. 中华人民共和国国务院公报, 1983 (18): 812-814.

进的时代要求,是我国内部审计未来发展的蓝图。以四次规定颁布的时间作为划分的界限,可以把我国内部审计发展历程划分为三个阶段。第一次和第二次的规定变化并不大,本质上并没有区别,这两次可以作为一个阶段,即我国内部审计的发展初期。目前,我国的内部审计大多按照第三次颁布的规定进行,可以说是它造就了我国内部审计的现状。而第四次即2003年颁布的规定对我国内部审计未来的发展做出了规划和展望,是我国内部审计的发展方向。通过上述四个规定的比较,不难看出我国内部审计发展的与时俱进,随着时代的发展,我国内部审计从消极防弊转向积极兴利再发展到价值增值。

(二) 我国企业内部控制制度的建立及发展

1994年,我国颁布《中华人民共和国预算法》,从预算采购方面对行政事业单位内部管理进行了详细的规范。1996年6月,我国财政部颁布《会计基础工作规范》,要求单位建立与健全会计管理制度,其中包括内部牵制制度,并且对会计基础工作的控制制度(如职务不相容、职务回避等)给出了规范性指导。

另外,为防范金融风险、健全金融机构内部控制机制,1997年,中国人民银行总行制定了《加强金融机构内部控制的指导原则》,其中明确了金融机构进行内部控制的指导目标、原则、要素及相关内容。

1999年10月31日修订的《中华人民共和国会计法》作为根本大法,对所有单位的内部控制做了根本性的规定,是行政事业单位建立内部控制的依据和原则。《中华人民共和国会计法》认为内部控制是保障会计信息真实与完整的基本手段之一,其中明确规定各单位应当建立、健全本单位内部会计监督制度。

2001年6月,财政部发布《内部会计控制规范》,提出新形势下,单位应该加强内部会计监督,该规范体系适用于国家机关、社会团体、公司、企业、事业单位和其他经济组织，是具有强制执行力并且涉及全面内部会计控制的指导性规范。相关单位根据《内部会计控制规范》，分别颁布《证券公司内部控制指引》《商业银行内部控制指引》《人身保险公司全面风险管理实施指引》《中央企业全面风险管理指引》。2008年，五部委颁布《企业内部控制基本规范》，这一规范文件成为我国第一部全国性控制规范。2010年，五部委颁布的《企业内部控制配套指引》标志着中国企业内部控制规范体系基本建成。以此作为我国企业内部控制制度演变的里程碑，我国企业内部控制法规实现了从行业性到全国性、从会计控制到全面控制、从内部控制到风险管理的演变。

2017年，财政部颁布《小企业内部控制规范（试行）》，在行业领域上完善了内部控制的管理范围，对内部控制相关内容做了更加详细的规定。企业内部控制规范体系的建立，规范和加强了企业内部控制，同时也提高了企业防范风险的能力以及企业的经营管理水平，这对于维护社会主义市场经济秩序、促进企业可持续发展和增加社会公共利益起到了重要作用。

三、我国行政事业单位内部控制制度的发展

2001年6月，财政部发布《内部会计控制规范》，提出该规范体系适用于国家机关、社会团体、公司、企业、事业单位和其他经济组织，是具有强制执行力并且涉及全面内部会计控制的指导性规范。

2002年，我国陆续颁布了《中华人民共和国采购法》《行政事业单位会计决算报告制度》《行政事业单位国有资产管理暂行办法》等一系列政策法规，在财务核算、国有资产管理等方面对行政事业单位的内部管理进行了规范。2008年，五部委颁布了《企业内部控制基本规范》，虽然没有直接涉及行政事业单位内部控制的建设问题，但也为行政事业单位内部控制的研究以及相关政策法规的颁布奠定了理论基础。

<<< 第二章 行政事业单位内部控制的理论与制度发展

2012年12月，财政部为进一步规范行政事业单位内部控制体系建设，颁布了《行政事业单位内部控制规范（试行）》（以下简称《规范》），决定于2014年1月1日开始正式施行，为我国行政单位内部控制体系建设提供了基本遵循。该规范是在对我国行政事业单位的具体经营状况进行具体调研、科学分析、系统归纳的基础上，与内部控制理论相结合，从而使得内部控制体系更加具有实践性与操作性。另外，《规范》更加强调内部监督，明确了主管部门对行政事业单位内部控制建设进行外部监督和业务指导的职责。《规范》的颁布与实施，标志着我国正式启动了行政事业单位内部控制建设与实施的系统工程。

2013年7月，财政部专门组织召开了"行政事业单位内部控制规范实施动员视频会"，全面部署《行政事业单位内部控制规范（试行）》的具体实施工作。习近平总书记强调，要加强对权力运行的制约和监督，把权力关进制度的笼子里，形成不敢腐的惩戒机制、不能腐的防范机制、不易腐的保障机制，《行政事业单位内部控制规范（试行）》将在单位内部权力制衡方面起到制度笼子的作用，建设自由裁量权的空间与余地，用制度来限制权力的滥用。

2013年12月，教育部下发《教育部关于做好〈行政事业单位内部控制规范（试行）〉实施工作的通知》，要求"各省、自治区、直辖市教育厅（教委），各计划单列市教育局，新疆生产建设兵团教育局，部署各高等学校、各直属单位"充分认识实施内部控制规范的重要意义，把握实施内部控制规范的基本原则、主要任务和工作要求，指导、推动各教育行政事业单位进一步完善内部控制、提高内部管理水平。

2014年10月，十八届四中全会审议通过了《中共中央关于全面推进依法治国若干重大问题的决定》，指出我国法治建设存在不规范、不严格等现象，同时群众对执法司法不公和腐败问题反映强烈，少数行政事业单位人员存在依法办事观念不强、能力不足、知法犯法、徇私枉法等现象。因此，会议特别强调"加强对政府内部权力的制约，是强化对行政权力制约的重点。对财政资金分配使用、国有资产监管、政府投资、政府采购、公共资源转让、公共工程建设等权力集中的部门和岗位实行分事行政、分岗设权、分级授权、定期轮岗、强化内部流程控制、防止权力滥用"①，从而极大地推动了行政事业单位开展内部控制建设。

2014年11月，《财政部内部控制基本制度》正式施行。2015年2月，财政部发布实施八个专项内部控制办法，要求部内司局和部署单位分别制定实施相应的内部控制操作规程。根据财政部工作计划，2015年下半年，全国财政系统全面启动内部控制建设工作，同时明确了强化内部流程控制、加强内部权力制衡、健全内控报告公开制度、加强内控监督检查工作等重点工作任务。

2016年，财政部响应中央提出的以钉钉子的精神抓好改革落实的要求，进一步指导各单位有效开展内部控制建立与实施工作，切实落实好内部控制量化评价，从而开展了行政事业单位内部控制基础性评价工作。根据部门基础性评价报告，明确下一步内部控制建设重点与改进方向，从而进一步提高行政事业单位内部控制水平与效果。

2017年，为进一步加强行政事业单位内部控制建设，促进行政事业单位内部控制信息公开，财政部制定《行政事业单位内部控制报告管理制度（试行）》。该制度明确了行政事业单位内部控制报告的责任主体，明确提出行政事业单位内部控制报告的编制、报送、使用及报告信息质量的监督检查等规范，健全和管理本部门行政事业单位内部控制报告数据库。

2021年，《会计改革与发展"十四五"规划纲要》（以下简称《规划纲

---

① 中共中央关于全面推进依法治国若干重大问题的决定[EB/OL]. 中华人民共和国中央人民政府网，2014-10-28.

要》）明确提出"修订完善内部控制规范体系，有针对性地加强内部控制规范实施的政策指导和监督检查，强化上市公司、国有企业、行政事业单位建立并有效实施内部控制的责任"[1]的改革任务。《规划纲要》总结了"十三五"期间内部控制规范体系建立与实施工作取得的主要成绩以及"十四五"期间内部控制规范体系建设与实施面临的形势与挑战，提出要不断结合现代科学技术，完善内部控制信息化配套建设，利用信息化手段，将各项控制措施嵌入信息系统中，从而有效推动内部控制规范落地实施。

我国行政事业单位内部控制体系，在借鉴企业内部控制规范的基础上，结合行政事业单位的体制特点，不断推动具有便捷性、可操作性的内部控制流程建设，强化行政事业单位内部资金、权力运用与人员配备的流程控制。根据2017年财政部颁布的《行政事业单位内部控制报告管理制度（试行）》，我国连续五年组织开展了行政事业单位内部控制报告编报工作，通过"以报促建"的方式，指导督促各级各类行政事业单位加强内部控制建设。截至2020年年底，全国56万家行政事业单位编制并报送单位年度内部控制报告。各级各类行政事业单位的内部控制意识逐步提高，内部控制体系逐步完善，内部控制在防范行政事业单位内外部风险、保证会计信息真实完整等方面发挥了积极作用。

---

[1] 关于印发《会计改革与发展"十四五"规划纲要》的通知［EB/OL］.中华人民共和国中央人民政府网，2021-11-24.

第三章

行政事业单位的业务流程和风险分析

第一节 单位层面内部业务流程

单位对经济活动的控制包括单位层面的控制和业务层面的控制。单位层面的控制是业务层面控制的基础，决定了业务层面内部控制的好坏。单位层面内部控制包括内部控制的组织机构、议事决策机制、关键岗位责任制、会计机构及人员和内部控制信息化建设等。单位应当单独设置内部控制质量部门或确定内部控制牵头部门负责组织协调内部控制工作，同时应当发挥财会、内部审计、纪检监察、政府采购、基建、资产管理等部门或岗位在内部控制当中的作用。

一、单位内部控制建设组织架构

组织架构是表明一个组织各部分排列顺序、空间位置、聚散状态、联系方式以及各个要素之间相互联系的一种模式，是整个管理系统的框架，是组织的全体成员为实现组织目标，在管理工作中进行分工协作，在职务范围、责任权利方面等形成的结构体系。组织架构是行政事业单位的流程运转、部门设置及职能规划等最基本的结构依据，常见的组织架构形式包括中央集权制、分权制、直线式以及矩阵式等，其中一个组织架构的规范体系应包括决策层、业务层、内部监督层。决策层（机构）负责制定单位的重大经济事项；业务层（机构）执行决策层制定的各项决策，在本部门的职责范围内开展工作；内外监督层（机构）负责监督、检查和评价。

以权力制约权力是防止权力腐败的重要路径之一。组织架构中的决策机构、执行机构、监督机构的职责分工与权限划分等设计安排，在内部环境中处于基础地位。首先，要有效控制决策权。决策机构是指公共部门内具有法定决策权的部门，主要是单位的党政领导及决策层的议事机构。单位应当建立健全单位内部重大经济活动议事决策机制，完善经济活动的决策、执行、监督相分离的工作机制，明确划分职责范围、审批程序，按照规定程序办理授权批准。其次，要有效控制执行权。执行机构是贯彻决策者，是具体实施的工作部门和岗位，如单位的职能处、室等。重大经济活动事项的决议经审定后，由单位分管领导负责实施，由会议确定的责任部门具体执行。各责任部门按照谁主管、谁负责的原则，对决策执行实施责任分解，将责任落实到人，实施有效的业务经办。最后，要有效控制监督权。监督可根据主体不同分为立法监督、司法监督、行政监督、社会监督、人民团体监督和舆论监督等。按照行使方式，监督权可分为公民直接行使的监督权和公民通过自己选举的国家代表机关代表行使的监督权，包括批评权、建议权、申诉权、控告权和检举权等。单位的内部监督还包括分管单位领导定期检查、办公室督办、审计处和监察室的检查及其信息公开等。

二、单位内部控制组织机制建设

公共部门内部控制的重要指导思想之一就是加强对权力运行的制约与监

督，把权力关进制度的笼子，以形成不敢腐的惩戒机制、不能腐的防范机制和不易腐的保障机制。同时，要建立健全决策权、执行权、监督权既相互制约又相互协调的权力结构和运行机制（即"三权"分立），从而完善我国行政事业单位权力结构，规范权力运行、防止权力滥用。

一是要实现"三权"分离，包括岗位分离与过程分离。首先是岗位分离，决策、执行、监督不仅应当各司其职，而且应当实施不相容职务分离机制，即决策的不能执行、执行的不能监督、监督的不能决策，以发挥相互牵制的作用，符合制衡机制的要求。其次是过程分离，决策是执行的前提和依据，执行是对决策的具体落实，监督是保障决策正确、执行有效必不可少的条件，并影响和制约着决策与执行，这三个过程应当相互分离又相互制约。

二是要建立重大事项决策机制。在重大事项决策方面，多人决策优于一人决策、议事决策胜于拍板决策，为减少决策失误、充分发挥集体智慧和贯彻民主集中制，应当使重大事项决策科学化和民主化，建立健全集体研究、专家论证和技术咨询相结合的议事决策机制。重大事项议事机制包括集体讨论、民主集中、专业咨询等。

三是遵循"三重一大"集体决议原则。积极推进"三重一大"集体决议原则，对于完善科学决策、民主决策、依法决策，不断提高依法行政、依法管理的水平具有重要意义。单位"三重一大"应当按照规定的程序和权限，实行集体决策审批或联签制度，任何个人不得单独进行决策或擅自改变集体决策意见。

三、单位内部控制关键岗位及人员设置

单位的内部控制是一项全局性的工作，与每个岗位和每个工作人员密切相关。单位领导班子负责组织领导单位内部控制的建设和运行，各部门负责人要带动本部门的人员参与本部门的内部控制建设，全体员工广泛参与内部

控制的具体实施。单位内部控制的负责部门应结合实际制定内部控制体系建设的分阶段目标和建设总目标，围绕单位控制的五个要素扎实开展工作，深入宣传。各职能部门应积极参与内部控制体系建设，参与内部控制流程、制度和控制要点的讨论，并严格按照内部控制的要求执行业务操作。审计部门按照内部控制体系的要求，监督各岗位的内部控制执行情况，做到严格监督、严肃考核。

因此，各单位应当结合管理职能，科学、合理地划分与设置职能部门和岗位，建立起工作岗位责任制，在岗位分工的基础上，明确各岗位职责，按不相容职务相互分离、相互制衡的要求，设置职能部门和岗位的名称、职责和工作要求，明确各部门和各岗位的权限与协作机制，严禁需要相互监督的岗位由个人独自操控。

要建立分级授权、责权匹配、逐级负责的关键岗位责任制，这有利于信息的上传下达和各职能部门、岗位间的传递，加强信息沟通。首先，要确定内部控制的关键岗位，包括预结算、编制和绩效评价、资金收支管理、票据管理、印章管理、物资和固定资产的采购与管理、建设项目管理、债务管理、合同管理和内部监督等。其次，在设置内部控制关键岗位时，要坚持职责与权限匹配的原则，编制组织结构图、岗位说明书和权限指引等内部管理制度和相关文件，使部门内部权责明晰，确保不相容岗位相互分离、相互制约、相互监督。坚持才能与岗位相匹配的原则，综合考虑经济活动的规模、复杂程度和管理模式等因素，确保人员具有与其工作岗位相适应的资质和能力，切实加强工作人员业务培训和职业道德教育，不断提升工作人员的知识、技能和综合素质。科学设置内设机构、管理层及岗位职责权限、权力运行规程，切实做到分事行权、分岗授权和分级授权，将制约权力运行有效嵌入内部控制的全方位、全过程当中。最后，在管理内部控制关键岗位时，坚持考核与奖惩相匹配的原则，将考核作为奖惩的基本依据，实行关键岗位责任制。坚持建立轮岗制度，实行内部控制关键岗位业务人员和部门负责人的轮岗制度，不具备轮岗条件的，应采取专项审计、部门互审等代替性控制措施，通过岗位轮换，由不同的人员承担重要工作和高风险工作，这有利于减少舞弊和错误，不断改进和创新。

另一方面，在内部控制体系中，每个岗位都应配备胜任岗位工作的人员，单位应对各岗位设置人员上岗标准，明确每个岗位工作人员应具备的素质、技能和专业资质。需具备专业资质才能上岗的岗位，不得配备不具备专业资质的工作人员。因此，人员配置规模要符合单位的人员配置标准，对人员的选聘应尽力公正、公开，明确选聘人员的选拔和任用标准，并进行认定、公示。关键管理人员的技能和素质要符合岗位要求，具备执行其业务必备的知识、技能、经验。另外，单位内应加强内部控制关键岗位工作人员业务培训和职业道德教育，不断提升其业务水平和综合素质。

四、单位内部控制会计机构设置及人员管理

会计系统控制是指通过会计核算和监督系统所进行的控制。任何单位都应当按照《会计法》和国家统一的会计控制规范，对会计主体的各项经济业务进行记录、归集、分类和编报，完善会计业务的处理流程，充分发挥会计系统的控制职能，因为会计系统的任何失控都有可能导致舞弊。

内部控制要求单位建立健全会计管理制度，包括从会计机构控制、会计政策控制、会计业务控制三个方面不断完善管理制度，形成一个权责明确、互相制约的会计管理规范和监督体系。其中，会计机构控制包括建立会计机构、设置会计岗位、明确会计岗位权责范围、配备专业的会计人员；会计政策控制包括制定会计制度、设置会计科目与会计核算；会计业务控制包括原始凭证填制、记账凭证编审、会计账簿登记和会计报表编报。

加强会计系统控制主要包括以下几个方面：（1）建立健全财务会计管理

制度，包括严格执行国家统一的会计政策制度，加强会计基础工作，明确会计凭证、会计账簿和劳务会计报告的处理程序，保证会计资料真实、完整；(2) 加强会计机构建设，配备具有相应资格和能力的会计人员，大中型行政事业单位可以设置总会计师；（3）合理设置会计岗位，确保各岗位权责明确，强化会计人员岗位责任制，例如，会计职务与出纳职务分离，出纳人员不得兼任稽核、会计档案保管和收入、支出、费用、债权债务账目的登记工作，会计职务与审计职务相分离，支票保管职务与印章保管职务相分离，支票审核职务与支票签发职务相分离，等等；（4）着力提高单位会计人员的职业道德水平、业务水平，确保会计人员正确行使其职权；（5）规范会计基础工作，加强会计档案管理，确保会计基础管理、会计核算和会计财务报告的编报有章可循、有据可依；（6）建立独立稽核控制制度，独立稽核能够使具体经办人之外的独立人对已记录的经济交易和事项及其计价进行核对或验证。

五、单位内部控制信息化建设

在信息化时代，信息技术不仅是工具，而且是经营管理的环境。内部控制的实施一定要借助信息化来进行，实现信息化是实施内部控制规范的重要手段，会计系统控制要发挥其积极作用，应当通过信息化整合形成一体，通过整合信息资源、识别信息真伪、评价财务绩效、发掘数据价值、发出财务预警、提出管理建议，以帮助制定管理决策。单位应当充分运用现代科学技术手段将业务层面内部控制建设的各个环节的控制措施和要求等整合到信息系统中，逐步打破各个系统分散隔离的状态，汇集各系统内行政事业单位的相关数据，从而实现经济活动决策、核算、控制、分析和监督的科学化、规范化和信息化。

为建立与实施信息系统内部控制，单位应从以下几个关键方面和关键环节进行控制：一是职责分工，职权范围和审批程序应当明确规范，机构设置和人员配备应当科学合理，重大信息系统开发与使用事项应履行审批程序；二是信息系统开发、变更和维护流程应当清晰、合理；三是应当建立防卫安全制度，操作权限、信息使用、信息管理应当有明确规定；四是硬件管理事项和审批程序应当科学合理；五是会计信息系统流程应当规范，会计信息系统操作管理，硬件、软件和数据管理，会计信息化，档案管理应当完善，单位信息管理部门应该牵头负责单位的信息化管理，信息管理人员应当负责系统运行环境建立和日常管理工作；六是要建立完善的信息反馈系统，快速收集反映实际工作情况的信息，将之传递给管理人员，从而及时发现问题，迅速处理问题。

第二节 业务层面内部控制业务流程

一、预算业务控制

预算业务是单位行政管理活动的起点，是指行政事业单位根据行政事业单位发展和任务编制的年度财务收支计划，包括财务收支规模、收支结构、资金来源渠道和资金使用去向，是行政事业单位财务管理活动的基础依据。预算业务能够为人员、经费、物资、设施等各项资源的使用进行财务管理，实现资源的优化配置，提高资源利用效率，能够从根本上保证行政事业单位内部控制目标的实现。

预算业务是行政事业单位内部控制的基础，是内部控制的目标，是用来评定组织单位的行动和效果是否符合规定的标准，具有较强的单位控制效能。预算业务对行政事业单位的活动及人员、财务安排做出了详细的规定,预算越明确,对内部控制的要求就越高,从而使得内部控制的结果愈加有效。行政事业单位进行内部控制,能够使得行政事业单位内部预算的执行结果与预算的预定目标相符,单位的活动能够在规范下合理有序展开。另外,通过内部控制,能够更好地完善预算,为下一次预算的编制提供真实可信的依据。因此,加强预算控制,规范预算编制、审批、执行、决算与评价,是加强行政事业单位内部控制管理必不可少的内容与手段。基于预算管理的视角进行行政事业单位内部控制,不仅要研究公共资金使用的内部控制问题,更为重要的是要做好预算安排、收支业务、政府采购与固定资产管理、建设项目与合同、组织岗位人员的配置等内部控制活动,坚持"量入为出、统筹兼顾、确保重点、收支平衡"的总原则,采取目标责任制的预算管理方式,做好单位内部预算控制的"事前、事中、事后"全过程嵌入式管理。

　　根据预算业务的不同阶段,可以将预算管理分为预算编制、预算执行、预算调整、预算决算、预算评价五个管理流程。每一个预算管理环节,其管理目标、预期预算计划都不相同。因此,要确定什么样的预算标准、关键点和重要指标,收集哪些收支信息,采用何种方法进行成效评定,以及由谁来监督,都需要按照不同的预算目标和预算计划的特殊要求和具体情况进行设计。

　　在预算编制阶段,要求预算管理具有清晰、规范的预算编制和实际审批流程,遵循集体决策原则;任何单位都应该建立完善的预算编制组织管理体制,做好预算编制的各项准备工作,在编制预算前,应该全面分析上年预算执行情况,准确把握相关基础数据,正确测算各种因素、各个层面对收支的影响,准确掌握财政部门和主管部门对单位收支预算编制的要求,并且保证项目数据的真实性、准确性。在预算执行阶段,年度预算指标下达之后,管理部门应该严格遵守,密切关注和监督预算的执行情况,及时解决预算执行中遇到的困难和发现的问题，并且应健全预算执行报告制度、预算执行信息平台和预算执行报警机制，以便随时掌握预算的具体执行情况。在预算调整阶段，应在符合预算编制的口径和要求下，对预算执行过程中发现的问题进行调整，从而有利于预算的有效实行。首先，预算调整理由必须充分，对于必须进行的预算调整，应该由相关的执行部门提出书面申请，详细说明要进行调整的理由；其次，对预算调整的范围必须进行严格控制；再次，预算调整的程序必须合法合规。在预算决算阶段，要保证预算决算的真实完整、准确有效，加强预算决算的分析工作，强化决算分析的结果运用，建立健全单位预算和决算相互反应、相互促进的机制，这有利于预算管理更好地发挥其内部控制作用。另外，财务部门负责单位决算工作，并且要编制预算决算报告，全面分析决算结果。在预算考评结算阶段，要针对预算管理的全过程进行科学评价，总结预算管理过程中的优势和劣势，从而有效地反馈预算评价结果，增强预算考评工作的实际应用性。

二、收支业务控制

收入与支出是公共部门财务管理的对象。各项业务的收入和支出都应该由单位的财务部门进行统一管理、统一核算。单位应当根据会计法规，结合收支业务类型和收支管理的需要，建立相应的财务会计机构，配备相应的会计人员，制定职责分明的岗位责任制，包括财务机构内部岗位设置及岗位职责权限等。

公共部门收入是指行政事业单位为开展业务和其他活动依法取得的非偿还性收入。公共部门收入具有来源渠道多的特点，相比于企业根据市场价格出售商品和劳务获得收益，公共部门可以通过开展公共部门业务和提供相应的服务获取非自创收入和自创收入。非自创收入资金来源于政府部门拨款、社会捐赠、企业捐赠等，需要公共部门做好政府合作、企业合作、面向社会公众进行募捐等。自创收入是指公共部门通过提供公共产品或劳务而向消费者直接收取费用获得的收入,以及通过投资从受资方处取得的收益,自创收入主要包括业务收入、经营收入和投资收益等。

公共部门支出是指行政事业单位开展业务及其他活动时发生的资金耗费和损失,包括事业支出、对附属单位的补助支出、上缴上级支出、经营性支出和其他支出。事业支出,即行政事业单位开展专业业务活动及其辅助活动产生的基本支出和项目支出。基本支出,是指行政事业单位为保障其单位正常运转、完成日常工作任务所产生的支出,包括人员经费和公用经费;项目支出,是指行政事业单位为完成其特定的工作任务和事业发展目标所产生的支出。经营支出,即事业单位在专业业务活动及其辅助活动之外开展非独立核算经营活动产生的支出。

对附属单位补助支出,即事业单位用财政补助收入之外的收入对附属单位补助产生的支出。上缴上级支出,即事业单位按照财政部门和主管部门的规定上缴上级单位的支出。经营支出,即事业单位在专业业务活动及其辅助活动之外开展非独立核算经营活动发生的支出。其他支出,即本条上述规定范围以外的各项支出,包括利息支出、捐赠支出等。因此,行政事业单位应当将各项支出全部纳入单位预算,实行项目库管理,建立健全支出管理制度。同时也需要加强经济核算,根据开展业务活动及其他活动的实际需要实行成本核算。

收支管理应该关注主要流程、关键环节、主要风险点与控制重点,包括收入是否实现归口管理,是否按照规定入账,是否按照规定保管和使用印章及票据,发生支出事项时,是否按照规定审核各类票据的真实性、合法性,是否存在虚假使用票据的情形。同时,如若发生举债业务,那么财务管理部门应当给予特别的关注和审核。另外,收支管理应当贯彻收入、支出两条线原则,对行政事业单位收入和支出分别进行管理。

行政事业单位收支管理主要包括收支预算、收支执行、收支报告等主要环节。

在收支管理中,同时要保证对收支关键环节进行控制,其中包括对公共权力制约和岗位分离、严格控制财务印章鉴章、债务风险控制等。首先,在收支业务控制中,关键岗位主要包括单位领导、财务领导、财务会计岗位和各部门主要负责人和报销工作人员等,因此,在制度中应当明确对各个岗位的管理权限,实现收支业务中决策、执行、监督"三权分配",明确相关岗位不相容的情形,从而有效保障收支业务顺利进行。另外,在财务内部机构,有必要建立会计回避制度,例如,出纳人员以外的人员不得经营现金、有价证券和票据,单位的法定代表人不得在本单位担任会计机构负责人,会计人员的亲属不得在同一会计机构工作等。其次,财务印章和鉴章必须分开保管,法人印章和银行印章必须分开保存,专人使用、专人保管,并且要明确印、鉴章用途,严格进行管理,不得随意使用。在发生需要将印、鉴章带出财务部门或印、鉴章损坏的情形时,需要报告领导部门,按照相关法定程序进行办理,不得随意外带和更换。因此,要加强债务管理,通过健全债务内部制度、合理设置债务业务岗位、充分论证举借债务程序、加强对债务业务的审批控制和入场管理有效防范债务风险。

三、政府采购业务控制

采购是指行政事业单位为了开展日常政务活动或为公众提供服务,在财政的监督下,以法定的方式、方法和程序,通过公开招标、公平竞争,由财政部门以直接向供应商付款的方式,从国内、外市场上为政府部门或所属团体购买货物、工程和劳务的行为。行政事业单位采购对象主要包括三大类:货物、服务与工程。其中货物主要是指各种形态和种类的物品,包括原材料、原料、设备和产品等;工程主要是指建设工程,包括新建、改建、扩建、装修、拆装、修缮等；服务主要是指除货物和工程以外的其他采购对象。

采购活动涉及预算编制、采购组织、资金拨付等诸多环节。采购管理的总体思路是，对采购业务流程进行梳理明确业务环节，通过系统分析确定风险点，重点把握关键环节控制点，把内部控制的目标、控制要点以及业务循环的过程融为一体，促使业务控制流程有效运转，保证采购业务目标与控制目标同步实现。因此，在此过程中，应当对采购业务进行分类管理，根据采购金额的大小以及采购物品的复杂程度确定不同的采购类别。对于金额大且性能复杂的物资需要强化风险评估，进行严格的招投标管理，并且由专业人员选择供货商；对于金额大但是采购相当简单并且采购频率比较高的，可以进行年度招投标，建立长期的供货关系，并做好年度供应商评价；对于金额较小但是性能复杂的物资需要做好准入测试和验货验收；对于金额小且采购简单的物资要简化管理程序，提高采购效率。

采购方式是行政事业单位在采购中运用的方法和手段的总称。我国《政府采购法》规定，我国政府采购方式有公开招标、邀请招标、竞争性谈判、单一采购来源、询价和国务院政府采购监督管理部门认定的其他采购方式。公开招标是政府采购的主要采购方式，不与其他采购方式构成并行关系。

公开招标的具体数额标准，属于中央预算的政府采购项目，由国务院规定；属于地方预算的政府采购项目，由省、自治区、直辖市人民政府规定；因特殊情况需要采用公开招标以外的采购方式的，应当在采购活动开始前获得设区的市、自治州以上人民政府采购监督管理部门的批准。采购人不得将应当以公开招标方式采购的货物或者服务化整为零或者以其他任何方式规避公开招标采购。邀请招标也称选择性招标，由采购人根据供应商或承包商的资信和业绩，选择一定数目的法人或其他组织（不能少于三家），向其发出招标邀请书，邀请他们参加投标竞争，从中选定中标的供应商。这里所说的选择性招标不是排斥性的选择，更不是内定，而是公开、公平、公正地择优邀请。竞争性谈判指采购人或代理机构通过与多家供应商（不少于三家）进行谈判，最后从中确定中标供应商，在特殊情况下，这种采购方式具有采购周期短、采购成本低等优点，方便灵活。其核心，一是要有竞争（参与谈判的供应商不少于三家），二是要有谈判（即最终的结果必须要在谈判的基础上确定）。离开了这两条，所有的行为和结果都是不合理、不规范甚至是违规违法的，都是应当受到制止的。单一来源采购也称直接采购，是指达到了限额标准和公开招标数额标准，但所购商品的来源渠道单一，可能属专利、首次制造、合同追加、原有采购项目的后续扩充发生了不可预见的紧急情况不能从其他供应商处采购等情况。该采购方式的最主要特点是没有竞争性，一般情况下只能从唯一的供应商处进行采购。询价是指采购人向有关供应商发出询价单让其报价，在报价基础上进行比较并确定最优供应商的一种采购方式。在采购货物规格及标准统一、现货货源充足且价格变化幅度小的政府采购项目时，便可以采用询价方式。确定采购方式对于采购过程很重要，单位应当严格按照采购目录范围和采购限额标准，分别采取不同的采购方式进行采购，并实施采购过程管理。

单位应当加强对采购预算与计划的管理，严格遵循"先预算、后计划、再采购"的工作流程，先规范填报采购预算、编报并录入采购计划，方可实施计划。应根据工程、货物和服务的实际需求及经费预算标准和设备配置标准细化采购预算，列明采购项目或货物品目，并根据已批复的预算及实际采购需求安排编报月度采购计划、预算控制计划、计划控制采购，采购控制支付。采购业务环节主要包括采购预算编报与下达、采购计划编制及审核、采购需求制定、采购方式选择及确定、采购方式与招投标管理、采购合同签订、采购过程控制分岗，并可归纳为采购预算、计划、执行、验收入库、支付货款等环节。在采购业务控制中，首先要建立完善的采购控制制度，并落实采购流程控制的关键节点及相应的解决措施。其次，要健全管理岗位责任制，明确相关部门采购的权限和职责，但同时也要保障岗位之间相互联系与合作，提高采购管理效率。最后，建立严格的授权审批制度，明确审批人对于采购业务的授权批准范围、方式、权限、流程、责任和相关的控制措施，并且各级管理人员必须在权限范围内承担相应的责任和义务。

四、资产控制

资产是指行政事业单位开展业务活动的物质基础。任何单位都应该结合自身业务特点，对资产实行分类管理和过程管理，明确相关部门和岗位的职责权限，强化对于资产的配置、使用和处置等关键环节的管控。资产管理信息管理系统是指财政部门根据资产管理流程，指定资产管理信息系统相关制度、推进系统建设、强化系统使用、管控系统风险，构建对国有资产全过程动态监管的信息化管理平台，包括资产卡片管理、资产配置管理、资产使用与处置管理等功能。从资产采购开始到资产信息管理系统，资产控制贯穿到单位经营活动的各个方面与各个流程，任何占用资产的单位和活动都应当在全面梳理资产管理流程的基础上，全面寻找资产管理漏洞，防范失控，确保各项资产管理处于不断优化的状态。

从类型上来看，行政事业单位资产主要分为货币资产、实物资产、对外资产等，个别单位还存在无形资产和其他资产。不同类型的资产具有不同的存在形态和特点，其资产控制目标也不尽相同。因此，要对资产进行分类管理，建立健全各类资产的内部管理制度，明确具体的资产管理部门和资产管理岗位，通过资产信息管理系统完成资产配置、资产验收入库、资产分配、资产保管、资产维修、资产转移和资产归还等日常管理活动。

1. 货币资产控制

货币资产主要是指单位拥有的现金、银行存款、零余额账户用款额度等，是流动性最强的资产，也是管理风险较高的资产。因此对货币资金管理要健全其审批制度与岗位责任制，形成相互分离、相互制约、相互监督的管理机制。其中，货币资产控制主要包括现金收支控制、银行存款控制、票据业务控制。

完整的现金收支控制流程应当包含授予经办权限、制取原始凭证、审核原始凭证、复核原始凭证、编制首付款凭证、办理收付现金、符合现金收付款凭证、登记现金日进账、登记明细账、登记总分类账、定期盘点现金、核对账簿记录、清查盘点并核对现金日进账余额、根据清查结果编制现金盘点报告14个控制点。但是不同单位的现金支付流程可能略有差异，会根据部门具体情况进行相应调整，但一般不少于以下8个关键控制点：审批、审核、收付、复核、记账、核对、清点与清查。在这些现金控制流程中，业务审批、财务稽查、清查盘点最为关键。由业务部门进行原始凭证审批，可以保证经济业务的真实性、合理性和合法性；由稽查人员实施核对控制，可以保证现金收付核算的正确性，这是及时发现现金收付和现金账务记录错误的主要环节，对于保证核算工作质量十分重要；由清查人员进行库存现金清查盘点，可以确保现金安全完整，是保护现金安全的最后一环。三个关键控制点不可或缺。

银行存款控制流程确保对原始凭证、结算凭证、记账凭证进行严格的审批和审核，登记银行明细账、总分类账，并仔细核对账单，编制银行存款余额调节表，保证银行账账相符。其中，业务审批、财务稽核、对账审核至关重要，不能掉以轻心。首先，对于以网上交易、电子支付等方式办理资金支付业务的单位，应当与承办银行签订网上银行操作协议，明确双方在资金安全方面的责任与义务、交易范围等。操作人员应当根据操作授权的密码进行规范操作，并强化职务分离机制。其次，单位在日常管理中要注意建立会计人员按时对账责任制，核对每月发生的单位银行往来账项，坚持做到日清月结,对未达账项要建立台账,注明原因。单位应把做好对账工作作为强化内部控制管理的一项重要措施,落实责任,做到按时对账、及时对账,把一切隐患消除在萌芽之中。最后,单位应当建立岗位责任追究制。无论是单位的出纳人员还是财务主管、主管领导都要实行岗位责任制,对工作不负责任、图省事、走过场的直接负责人和负有领导责任的人员,要进行经济行政处罚,对失职、渎职,造成严重经济损失的人员,要追究其法律责任,以确保资金账账相符、安全完整。

票据业务控制具体流程应当从财务部门提出票据购买申请开始,随后由财务部门对票据购入、使用、作废的情况进行登记,相关部门及人员才能使用票据,最后对各类票据进行归档管理。票据是办理货币资金结算最为常见的工具,其中,财务票据是指单位依法征收政府非税收入或者从事有关财务活动向公民、法人及其他组织开具的凭证,一般情况下,由行政事业单位的出纳人员进行日常管理。在上述票据管理流程中,以下几个控制点值得重视:一是财务部门应当根据实际需要,分别对财务票据管理部门和银行提出票据购买申请,除支票、往来结算票据以外的其他票据按实际需要购买,财务票据管理部门或者银行审核相关材料,按规定出售相关票据,财务部门在取得票据后,应当妥善保管并及时登记入库;二是财务部门应当设立专门的登记账簿,以记录支票及往来结算票据的购入、使用、作废情况,各类票据应当按序号使用,不得拆本使用,做好废旧票据管理;三是应当加强与资金相关票据的控制,明确各种票据的购买、保管、领用、背书、转让、注销等环节的职责、权限和处理程序,防止空白票据的遗失和被盗用。

2. 实物资产控制

实物资产是单位使用的有限资产,主要包括存货和固定资产。单位应当采用先进的管理技术和方法,规范实物资产的管理流程,明确取得验收入库、仓储、保管、领用、发出、盘点、处置等环节许可的管理要求,充分利用信息系统,强化会计、出入库等相关记录,确保存货管理全过程的风险得到有效控制。其中,实物资产的主要控制环节包括资产配置预算、实物资产管理、资产验收入库、实物资产领用、实物资产日常保管维护事务、资产处置和清查盘点。

存货业务控制流程包括在存货购置、验收、保管、领用、盘点环节中。存货购置时,明确购置存货的技术标准、经费来源及预算,符合政府采购的,应该由政府部门进行采购。在存货验收环节,存货管理人员或具有检验资质的机构等,根据合同、发票等原始单据存货数量、质量、规格等信息进行核对验收,有质量问题的,进行退还和延期付款。在存货保管环节,单位应当对存货定期检查,按照物资所要求的储存条件进行储存,建立安全管理规范,防止存货损失。在存货领用环节,单位应当明确存货发出和领用的审批权限,根据存货领取表进行领取。在存货盘点环节,单位应该根据存货盘点清查制度,结合单位实际情况对存货进行盘点,核查存货数量、质量,盘点结果应该形成书面报告,上交主管部门。

3. 对外投资控制

单位一般不能擅自进行对外投资,因为对外投资风险大、变化多、难以掌控。单位进行对外投资和处置对外投资一般属于重大经济事项,应当由单位领导班子在专家论证和技术咨询基础上集体研究决定,随后制定可行性投资方案,详细编制财务计划,严格按照计划确定项目进度、时间、金额和方式投出资产。另外,行政事业单位应当合理设置对外投资业务的相关岗位,明确岗位职责权限。未经授权的部门和工作人员不得办理对外投资业务。最后,资产管理部门应当加强对投资项目的追踪管理,加强对外投资有关文件、资料的管理,妥善保管对外投资的权益证书,加强对对外投资内部控制的监督检查,及时、全面、准确地记录对外投资的价值变动和投资收益情况。

五、建设项目控制

建设项目是指单位自行或者委托其他单位进行建造、安装活动。建造活动主要是指各种建筑的新建、改建、扩建以及修缮活动，安装活动主要是指设备的安装工程。建设项目投资大、环节多、管理复杂，属于风险高发领域，如不能有效管控，可能引发合规风险或资金损失。所以，建设项目管理应对主要流程、关键环节、主要风险点进行关注和控制。

建设项目管理的主要环节分为前期阶段、实施阶段和竣工阶段。前期阶段包括项目立项、初步设计及概算的审批环节；实施阶段包括项目招标、工程项目实施等环节；竣工阶段包括竣工验收与竣工决算、项目后评价等环节。行政事业单位要依法控制招标投标活动，明确落实招标人为第一责任人的职责，成立评标委员会，严格依法执行招标活动，维护国家、社会与招投标活动当事人的合法权益，不得串通投标人。另外，行政事业单位应当加强建设项目的过程控制，确保建设工期、建设质量等符合设计要求，尤其应当严格控制建设项目的设计变更，对于需要调整投资概算和工程设计变更的，应当按照相关规定履行相应的变更程序，不得对工程设计进行随意变更。

六、合同控制

合同控制是指单位对以自身为当事人的合同依法进行订立、履行、变更、解除、转让、终止以及审查、监督、控制等一系列行为的总称。其中，订立、履行、变更、解除、转让、终止是合同控制的主要内容，审查、监督、控制是合同控制的手段。

合同控制过程可以概括为合同订立、合同履行、合同后评估三个方面。其中，合同履行是一个持续性的过程，包括对合同的履行情况进行监督和合同纠纷的处理等。在合同订立前，应经过公平有效的谈判和协商确保起草的合同完整、真实有效、无法律漏洞和权利义务瑕疵。一是要建立健全合同对方主体资格审查制度，充分了解合同对方的主体资格和信用情况，确保当事人具备履责能力，降低合同风险；二是按照法律法规拟定合同文本，做到标的明确、内容齐全、条款完备、责任明确、用词规范；三是建立健全合同授权审批制度，对拟定的合同进行合法性等方面的审查，包括业务方面和法律方面的审查。在合同履行阶段，一切与合同有关的部门、人员都必须本着"重合同，守信誉"的原则，严格执行合同所规定的义务，确保合同的实际履行或全面履行。合同的承办部门有责任和义务对合同的履行情况进行监控，对于合同履行过程中发生变更、解除合同或者减轻补充协议等情况，行政事业单位应当组织各部门进行评估，明确其是否会对单位造成损失。在合同后评估阶段，要建立健全合同纠纷处理机制，合理、依法解决合同履行过程中出现的各种纠纷和善后事项，对合同总体情况及重大合同的履行情况进行分析，发现不足后及时采取有效措施加以改进。

最后，行政事业单位应当对合同实施归口管理，由统一的部门或岗位人员进行合同编号归档、台账登记、借阅登记等，避免出现合同散落在各部门分别管理的情形，否则将会出现合同丢失、损毁、泄露等风险。同时也可以建立财会部门与合同归口管理部门的沟通协调机制，实现合同控制与预算控制、收支控制的结合。

第三节 单位层面内部控制风险分析

单位层面风险评估是指基于本单位整体上对内部控制工作的组织及机制建设、制度完善、关键岗位工作人员的管理、财务信息的编报等方面的风险进行的评估。单位层面合理的制度安排和机制设计，是营造良好的内部控制氛围、使具体内部控制措施得以有效实施的重要保证。

单位层面风险识别主要从组织、机制、制度、岗位和信息系统入手，主要内容包括：内部控制工作的组织情况、内部管理制度和制衡机制的建立与执行情况、内部控制关键岗位人员的管理情况、财务信息的编报情况以及信息技术的运用情况等。例如，如果单位没有建立起集体研究、专家论证和技术咨询相结合的议事决策机制，对于建设项目和大宗资产采购等复杂的经济事项，就可能存在事前论证不充分，导致后续损失或浪费的风险。

一、组织架构风险分析

组织架构对于单位正常运行具有重要意义，是整个管理系统的框架。如若单位未能实现组织架构的优化设置，那么组织将面临巨大风险。例如决策不当、监督不足、执行不力等方面的风险。

在单位决策方面面临的风险。决策机构主要负责对预算的制定和财政资金的配置进行决策等。如若行政事业单位经济活动决策机制不科学、决策程序不合理或未执行，则可能导致决策失当，影响具体执行计划；如若未建立决策部门及其委员会集体讨论、统一决策的决策机制，由于决策者不同的风险偏好，没有一套完整、科学的风险评价规避体系，则可能导致应对风险的决策主观性强、风险防御性差；如若对于重大问题和重大项目决策，未经专家机构充分论证或未经集体决策，擅自对外举借大额债务，则可能导致不能按期还本付息、单位利益受损的风险产生。

在单位执行方面面临的风险。执行机构未按照决策指示、具体实施的工作部门和岗位明确岗位职责和业务流程，影响执行部门有效开展业务活动，影响职能部门执行力度；未能对决策执行进行责任分解，可能造成执行机构权责不清，如若风险发生，无法落实具体责任人追责，增加单位损失；

内部机制设计不科学、权责分配不合理,机构重叠、职能交叉或缺失,互相推诿扯皮,造成执行效率低下。

在单位监督方面面临的风险。行政事业单位权力的行使一旦失去监督就会失控,行政事业单位的权力来自人民的授予,因此,对行政事业单位权力的行使不仅要进行内部监督,而且应该接受来自单位外部,即广大人民和社会机构的监督。对于公共部门,如若没有所有者"用手投票"的机制,也没有社会股东"用脚投票"的压力,则容易造成"先天所有者"缺位或产权模糊,缺少强有力的内部控制内生动力与外部监督,容易受到各种诱惑的影响和侵蚀,极易造成徇私舞弊与腐败问题。从内部监督来说,单位未能建立重大问题决策、重大问题任免、重大项目安排和大额度资金使用的议事规则和工作规则,容易造成"三重"问题的决策失败,影响组织内部实现有效监督和制约。从外部监督来说,如若未能健全外部监督机制,未能实现现代化信息技术的监管,则容易造成公权力寻租和腐败现象,极易造成行政事业单位为寻求利益或者垄断地位而进行"寻利"活动,影响广大社会及广大人民的公共利益。

二、工作机制风险分析

单位未能建立起集体研究、专家论证和技术咨询相结合的议事决策机制,对于建设项目和大宗资产采购等复杂的经济事项,就可能存在事前论证不充分,导致后续损失或浪费的风险。如若专家论证缺乏其独立性,可能会使项目论证结果受到"党政一把手"的影响,从而影响其论证结果的客观性;如若专家论证未按照严格规定的程序进行或者决策机构未对专家论证结果进行合理采纳,可能会影响专家论证结果的有效性;如若专家缺乏相关论证责任,可能造成专家论证敷衍了事,失去专家论证的专业性和准确性。

单位未建立决策、执行、监督"三权分离",形成权力监督和制约方面的缺失，容易造成权力滥用，形成腐败。分权可以制约权力的使用，包括纵向分权（中央和地方分权）、横向分权（政府部门内部分权，如立法、行政和司法的分权）。如若缺乏纵向分权，可能影响单位信息和业务的上传下达，单位下层工作部门和岗位独立性不断增强，影响决策机构政策的实施和落实；如若缺乏横向分权，可能会形成条块不分，产生人浮于事、组织机构臃肿的弊端。

三、岗位职责风险分析

单位应当明确内部控制体系中的各部门和岗位责任人的职责分工，将内部控制的各项要求融入单位的日常管理工作中。单位在进行内部控制的过程中，可能面临着岗位职责不明确等方面的风险。

岗位职责不明确、关键岗位胜任能力不足、关键岗位不能实施轮岗或专项审计等导致的风险。对于单位责任人，如果单位领导不能及时对各部门之间的工作进行协调与决策、做好顶层设计的规范和优化，则极易造成各部门从自身利益出发，与其他部门形成竞争关系，不利于实现流程在单位层面的优化。

岗位职责不明确、不相容岗位未分离等导致的预算业务管理舞弊、编制和执行"两层皮"等风险，收支业务管理舞弊、收支不规范、支出不合规等风险，政府采购业务管理舞弊、采购业务不规范等风险，资产业务管理舞弊、资产业务不规范、国有资产流失等风险，建设项目业务管理舞弊、建设项目业务不规范等风险，合同业务管理舞弊、合同项目业务不规范等风险。

关键岗位工作人员如不能及时、全面、准确地掌握国家有关法律法规及政策，则可能导致单位经济活动不合法不合规、资产不安全、财务信息不真实不完整，甚至出现舞弊和腐败现象，最终影响单位公共服务效率和效果的风险。关键岗位工作人员不具备专业的岗位素质、技能和品质，可能造成工作效率低下，不能有效识别工作中的风险点，造成更大的单位损失。

未建立分级授权、权责匹配、逐级负责的管理体制和岗位体系，难以进行信息资料的上传与下达，岗位和部门之间横向联系受到阻碍，可能影响部门之间的信息沟通与工作交流。

四、会计系统风险分析

会计部门是组织架构中不可或缺的组成部分。明确会计岗位职责权限、合理规划岗位分工是充分发挥会计系统职能的关键所在。会计系统的风险点陈述如下。

第一，单位未建立健全财务会计管理制度，包括未严格执行国家统一的会计准则制度，未加强会计基础工作，可能模糊会计凭证、会计账簿、会计报告的处理程序，容易造成会计工作违法违规，会计资料缺乏完整性、真实性。第二，会计机构建设不足，未配备具备相应资格和能力的会计人员，缺乏对于会计工作和业务流程的专业判断，难以发现工作流程的风险，对会计工作和业务造成更大的损失。第三，未能合理设置会计岗位，岗位职责不明确，未实现不相容岗位的分离，容易造成会计系统舞弊、腐败的情况。对于支票、印章、支付凭证等未按照规定进行管理和使用，造成管理效率低下、会计系统内部混乱等情形。第四，未建立独立稽查制度，难以对已记录的经济交易和经办人进行核对和验证，容易造成会计系统控制记录不真实、不可靠，容易徇私舞弊及造成差错。

五、信息系统风险分析

单位在利用信息系统实施内部控制的过程中，应当关注下列风险：

第一，缺乏信息系统建设整体规划或规划不当，可能造成重复建设，形成"信息孤岛"，影响企业发展目标的实现。另外，如若无法实现各部门之间信息资料的互通有无，无法实现部门工作和人员的有效沟通，信息阻塞，容易造成管理、执行、监督效率低下。第二，开发不合理或不符内部控制要求，可能导致无法利用信息系统实施有效控制。信息系统的开发应当结合单位实际工作情况，应当对单位未来信息交流具有积极意义，如若单位信息系统建设不符合实际或者不按照规定进行，则容易造成信息系统缺乏真实性、应用性。第三，授权管理不当，可能导致非法操作和舞弊。在信息系统管理方面应当明确各部门职权，各部门在规定范围内行使自己的职权，做到"专人专办"。第四，信息系统安全维护措施不当，可能导致单位公共信息泄露和损坏，系统无法正常运行。另外，由于行政事业单位属于公共部门，其信息资料涉及公民个人信息等，如若发生信息泄露，容易造成公民安全问题和财产损失。

第四节　业务层面内部控制风险分析

一、预算业务风险评估

按照内部控制原理，涉及任何内部控制制度都应该从识别风险入手，预算管理也不例外。要充分发挥预算管理的作用、实现预算控制目标，就必须充分认知和评估预算业务中可能存在的风险，并对这些风险进行有针对性的管控。

从设计和落实内部控制工作的基本步骤出发，大部分单位将预算业务控制的工作流程归纳为：梳理业务环节、整理业务流程、查找风险点、设计控制点与实施制度建设。其中，查找风险点被安排在设计控制点与实施制度建设之前，推而广之，所有内部控制制度设计之前都应该开展风险识别与评估。从整个预算环节或控制程序方面分析，预算的风险点还应当进行细化，从预算编制、预算执行、预算调整、预算管理、预算考核与绩效评价等各个环节分别识别，从而全面把握预算业务中的风险点。

（一）在预算编制方面的风险点

第一，在预算编制之前，行政事业单位对全面工作缺乏详细规划和充分预测，预算编制基础选择不当，同时预算编制未指定专人进行，可能因预算编制人员能力不足，影响预算编制的准确性与严肃性。第二，在预算编制过程中，面临着预算编制程序不清晰、内容不完整的风险，同时由于预算编制过程短、时间紧张、准备不充分，可能导致预算编制质量低下，使得预算缺乏严密性与约束力。第三，在预算编制之后，需要对预算方案进行审批，如若缺乏有效的审批程序，可能导致预算方案不准确、不科学，从而影响预算的有效性，导致预算执行力不足、约束力弱化。另外，如若未能建立预算编制机构与预算执行部门、资产管理部门的沟通协调机制，则可能影响预算编制部门及时取得和有效运用财务信息及其他资料，会造成预算与经济活动脱节。

（二）在预算执行方面的风险点

在预算执行过程中，面临着预算支出与预算收入两个方面的风险，如若行政事业单位没有按照预算安排支出或者超预算指标安排支出，没有按照规定足额收取收入并相应上缴财政，可能影响预算执行的严肃性，造成预算资金的分配不均或资金缺失。预算执行中缺乏收支平衡，极易导致预算资金紧张、资金缺乏。另外，预算执行中需要会计部门与业务部门对预算执行进行分析，建立有效的沟通机制，充分把握项目进度，了解预算执行情况，如若缺乏相应的沟通交流，极易导致预算执行的随意与无序，导致日常核算不能全面反映预算执行情况，从而对后期预算调整、预算决算与预算考核造成不利影响。

（三）在预算调整方面的风险点

第一，预算调整未明确规定预算调整的要求、内容和审批权限，可能导致预算调整缺乏依据，随意调整预算可能影响预算的严肃性和约束力。第二，预算调整需要具有真实性和可行性，根据实际的预算执行情况进行相应的调整，如若随意调整，那么预算便会失去其规范资金使用的作用。第三，预算调整需要相应的审批程序，如若未按照规定的程序、权限进行审批，那么极易滋生徇私舞弊的情形，预算执行也缺乏有效性。

（四）在预算管理方面的风险点

第一，未进行决算或者决算不及时，可能导致不能及时发现预算执行偏离的情况，预算管理失去约束力、效率低下。第二，决算管理、组织、实施不利，决算与预算存在口径错位等脱节的情况，可能导致决算不真实、不完整、不准确。第三，预算决算需要专业的人员、采取正确的决算方法进行管理，如若采用方法不恰当，那么会导致决算结果不准确，难以体现预算执行的真实情况。

（五）在预算考核与绩效评价方面的风险点

第一，行政事业单位需要建立完善的预算评价机制，对预算进行全面的考评和评估，否则预算会失去其约束力，不利于对于成本的控制，影响资金使用效率。第二，预算执行未进行定期分析，缺乏有效的预算执行情况通报、分析，从而错失对解决问题的良好时机，可能导致预算执行进度与原本预算情况不一，逐渐偏离预算目标。第三，预算考核与绩效评价的目的是对下一次预算业务进行有效改善，积累经验，因此要加强对预算评价结果的应用，对预算管理和执行人员进行科学考评，并落实奖惩方案，逐渐提高绩效考评结果的有效性，提高管理人员的积极性，否则将会影响预算执行效率，使预算评价结果缺失有效性和应用性。

二、收支业务风险评估

风险无处不在,需要被发现,尤其在重要的业务领域,更应当重视风险评估,凸显风险从而优先进行管控。收支业务风险与廉政建设休戚相关,尤其是行政事业单位的党员干部从事业务管理活动不按照规章制度、规定程序办事,可能出现违法违纪,就是存在的最大风险。另外,收支业务风险还包括收入是否实现归口管理、是否按照规定及时向财务部门提供收入的有关凭据、是否按照规定保管和使用印章和票据等、发生支出事项时是否按照规定审核各类凭据的真实性与合法性、是否存在使用虚假票据套取资金的情形。下面分别从收入与支出两个方面介绍其风险点。

行政事业单位收入管理流程主要包括收入项目与标准确定、票据开具与管理、收入收缴、收入退付、合同管理、会计核算等环节。行政事业单位支出管理流程主要包括支出申请、业务单位审批、归口审核、财务审批、借款审批、费用报销、会计核算、编制支出管理报告等环节。

作为非偿还性资金,收入应当全部计入会计的收入类账户进行核算,不得隐匿在其他账户中,也不能另立门户,更不能账外设账,不能进行资金的体外循环。各单位应当根据自身收入的实际情况,在风险识别的基础上寻找关键控制环节上的风险点,并落实相应的防控措施。行政事业单位收入管理的主要风险点包括:(1)岗位设置不合理、岗位职责不清或收款、开票与会计核算等不相容岗位未有效分离;(2)各项收入未按照法定项目和标准征收,导致收费不规范或乱收费;(3)各项收入未由单位财会部门统一收取,其他部门和个人未经批准办理收款业务;(4)违反"收支两条线"管理规定,截留、挪用、私分收缴收入;(5)各项收入不入账或设立账外账,导致"小金库"和资金体外循环;(6)各项收入退付未经适当的授权与审批,可能存在错误或舞弊;(7)单位银行账户的开立、变更、撤销未经审批,对银行账户缺乏有效管理与监督;(8)对于印章、印鉴保管与领用缺乏有效控制;(9)未建立健全票据管理程序和责任制度,对于各类票据的保管、申领和启用、核销、销毁等缺乏有效控制;(10)收入核算不规范,财务报告不真实或不准确,难以体现单位真实的收入概况;(11)执收部门与会计部门没有建立有效的沟通机制,各项收入缺乏定期的分析与监控,且对重大问题缺乏应对措施;(12)未指定专人负责收集、整理、归档并及时更新与政府非税收入有关的文件,管理人员培训不力,可能导致相关人员未及时掌握管理规定,影响管理效率,滋生风险。

行政事业单位支出主要包括基本支出与项目支出及其各项资金来源和用途的界限,应当根据自身支出的实际情况,在风险识别的基础上寻找关键控制点,落实相应的防控措施。行政事业单位支出管理的主要风险点包括:(1)未建立健全支出管理制度和岗位责任制,不相容的职务未分离或者未回避,导致管理混乱,滋生舞弊风险、造成资金损失;(2)支出的内部审批、审核、支付、核算和归档等关键环节权责不清,业务操作程序不明确,可能滋生舞弊风险,造成资金损失以及管理效率低下;(3)支持申请不符合预算管理的要求,支出范围及开支标准不符合相关规定,基本支出与项目支出之间相互挤压,可能导致单位预算失控或者经费控制目标难以实现的风险;(4)对于重大支出,未经过领导班子集中讨论决定,极易造成资金使用决策错误;对于特别支出,未经过规范的程序审批,容易造成资金乱用;对于基本支出,未建立日常管理程序,容易造成资金管理效率低下;(5)用虚假或者不符合要求的票据报销,可能导致虚假发票套取资金等支出业务违法违规的风险;(6)会计部门未根据业务的实质内容及时登记账簿,与支出业务相关的经济合同和专项报告未及时交存会计部门存档,可能导致会计核算错误和档案不完整;(7)会计部门、预算管理部门及岗位间未建立有效的沟通机制,极易导致资金支出超出预算,造成收支不均等情形;(8)对各项支出缺乏有效的分析和监督，对重大问题缺乏应对措施，可能导致单位支出失控的风险；（9）未严格按照财政国库管理制度的有关规定执行，对银行账户、用款计划缺乏严格管理，可能导致支出业务违法违规的风险；等等。

值得一提的是，行政事业单位收支业务中同时也面临着债务风险。在债务项目确定及审批环节，未经过充分论证或未经集体决策，擅自对外拒接大额债务，可能导致不能按期还本付息，出现财务风险；在债务项目履行环节，债务管理和监控不严，没有做好还本付息的准备，可能出现财务风险或单位利益受损；在债务核算和归档环节，债务未能及时纳入账内核算，可能形成账外债务风险。因此，行政事业单位在收支业务环节中，应当建立全过程风险管理，对关键环节的风险点进行识别，并进行相应的防控，从而保证内部单位财务安全、资金有效使用，有效解决已经出现的财务危机，保持资金的正常流转。

三、采购业务风险评估

公共部门采购具有资金来源的公共性与非营利性、采购对象的广泛性和复杂性的特点。而采购业务与实物流、资金流密切相关，蕴藏着较大的风险。采购业务一旦放松管控，就容易发生舞弊。主要分为在采购程序和采购管理两个方面的风险。

在采购程序方面的主要风险点包括：（1）未编制采购预算，采购计划安排不合理，可能导致采购失败或资金、资产浪费；（2）未采用恰当的采购方式，或者在招标过程中存在不规范甚至违法行为，可能导致采购的产品质次价高等风险；（3）采购组织形式、方式变更，采购进口产品等规定事项未按照要求履行内部审批程序，可能存在越权审批或自身舞弊，造成效率低下或资金浪费；（4）大宗设备、物资或重大服务采购业务需求未由单位领导班子集体决定，未成立内部资产、财会、审计、纪检监察等部门人员组成的采购工作小组，可能造成资金使用效率低下或采购产品质次价高等风险；（5）采购执行过程中，未按照要求明确采购渠道，采购定价机制不合理，未及时拟定采购合同，可能导致采购双方职责不清、采购业务不能按时履行；（6）采购验收标准不明确、验收程序不规范、付款审核不严格、付款方式不恰当，可能导致实际接收的产品与采购合同约定不符，产生资金损失或单位信用受损的风险；（7）采购业务相关档案保管不善，可能导致采购业务失效、责任不清的风险；等等。

在采购管理方面的主要风险点包括：（1）未制定采购管理相关制度，采购预算与计划的制定及采购活动的执行、验收与合同管理等无依据，可能滋生舞弊或导致采购活动效率低下；（2）未建立采购业务管理岗位责任制，采购业务中不相容职务未分离，相关部门和岗位的职责权限不清，可能导致采购活动效率低下；（3）未建立健全内部监督检查机制，可能因自身舞弊造成财产损失，未指定专人负责收集、整理、归档，并及时更新与政府采购相关的政策制度文件，培训不力，可能导致相关人员未及时掌握管理规定，影响采购管理的效率，存在合规性风险；等等。

四、资产业务风险评估

虽然各单位资产分布情况、使用状况、利用效率都不同，但由于货币资产和事务资产占资产总额的比重较大、对外投资存在的风险较高，因此，这些资产一直是控制的关注点，包括货币资产风险、实物资产与无形资产风险、对外投资风险。

货币资产管理方面的主要风险点如下：（1）未健全货币资产岗位责任制，岗位不健全，不相容岗位未实现有效分离，容易出现财会人员舞弊；（2）银行账户管理不善，多头开户、不及时销户，为违规转移、隐匿单位资金提供便利；（3）货币资金核查控制、资金清查制度不完善，可能导致资金丢失和会计人员舞弊的风险；(4)债权管理不到位，债权长期挂账，形成呆账、坏账等，造成损失；(5)在支付申请、支付审批、支付复核和支付环节没有按照严格的申请程序、审批程序对资金支付申请的业务真实性、票据金额的准确性或者证明的合法性进行审批，造成资金管理不善。

实物资产和无形资产方面的风险点如下：(1)资产配置，预算编制部门、资产需求部门、采购部门、财会部门没有建立有效的沟通管理机制，可能造成超标准配置资产，造成资产损失或浪费等资产配置不合理的状况，影响工作的正常进行；(2)资金使用，资产使用部门及人员在资产使用时维护不当，造成资产损失和浪费，资产管理部门对资产保管不善，缺乏资产有效记录和清查盘点制度，产生账外资产、资产流失、资产信息失真、账实不符等风险；未建立物资领用审批和解除限制控制，大批物资属于贵重物品、危险品或需保密的物资未单独指定管理制度，物资保障与领用控制管理不善，可能造成徇私舞弊、资产损失；(3)资产收益管理，资产归口管理部门与财会部门未及时收取资产收益，会导致单位利益受损；(4)资产处置，资产管理部门及相关审批权限负责人没有严格执行资产处置审批程序，未按照国家有关规定执行，有关人员徇私舞弊，可能会导致资产流失、单位利益受损；(5)未建立健全固定资产与无形资产管理岗位责任制，相关部门与岗位权责不清，对固定资产和无形资产的验收、使用、保管和处置等环节缺乏明确的规定，可能导致账实不符、资产管理效率低下或资产损失；等等。

对外投资方面的风险点如下：(1)对外投资决策，单位负责人未按照国家规定进行对外投资，对外投资决策程序不当，对于重大对外投资项目，未经过单位领导集体讨论决策，缺乏充分可行性论证，导致投资失败；(2)对外投资决策管理，单位负责人与资产管理部门未对投资业务进行追踪管理，不能掌控投资收益和损失，未能及时根据外部环境变化调整投资策略或者收回投资，可能造成投资损失和资产流失；(3)对外投资人员，对外投资需要专业的人员进行项目评估、风险预测，如若对外投资人员缺乏相应的专业性，难以对对外投资状况进行准确的判断，可能会造成投资失败与资金损失；(4)未建立责任追究制度，未对对外投资过程中出现的重大决策失误、未履行决策程序和不按照规定执行对外投资业务的部门和人员进行相应的责任追究，容易造成部门权责不清、资产损失和流失；等等。

五、建设项目风险评估

在建设项目内部控制设计中，要更加注意对风险的防控。因为工程建设领域腐败易发、多发，尤其是资金量大、利润丰厚的工程项目已经成为腐败问题的高发区。治愈工程项目领域的"顽疾"要用制度管权、管钱，有效约束行政事业单位权力使用，把工程建设项目招投标等公共资源交易纳入规范化、法制化轨道，形成不敢腐、不能腐的长效治理机制。下面从项目管理和项目资金管理两方面阐述建设项目领域的风险。

项目管理方面的风险点如下：(1)项目决策，行政事业单位负责人在对项目立项时未通过专家论证、技术咨询与集体讨论决定，缺乏可行性研究或者研究流于形式，决策不当、审批不严、盲目上马，导致建设项目难以实现预期目标甚至项目失败；(2)项目审核，建设项目归口管理部门和项目审核机构未对项目进行有效审核，项目设计方案不合理、预算脱离实际项目预算、技术方案难以落实，可能会导致建设项目质量存在隐患、投资失控等问题；项目审核工作人员缺乏相关技术和专业知识或者没有相应的审核资质，难以对项目进行专业的评估，评审意见缺乏信服力；(3)招标管理，项目管理部门在招标过程中存在串通、暗箱操作或商业贿赂等舞弊行为，不经过公平公正透明的招标程序招标，可能导致招标工作违法违纪以及中标人难以胜任的风险，损害项目建设的公平性；(4)竣工验收不规范、最终把关不严，可能导致工程交付使用后存在重大安全隐患；(5)建设项目变更，项目管理部门对建设项目变更审核不严，工程变更频繁，可能导致预算超支、投资失控、工期延误等风险；（6）建设项目档案管理，建设项目管理部门未及时办理资产及档案移交，资产未及时入账，可能导致账外资产等风险；等等。

资金管理方面的风险点如下：（1）建设项目资金支付，建设项目资金管理不严、价款结算不及时、项目资金使用管理混乱，导致工程建设进度延迟或者中断、资金损失等风险；（2）建设项目资金投资概算变更、确需调整资金的，没有按照审批程序报经批准调整投资概算，没有按照实际项目概况调整资金投资，容易造成建设项目资金实际情况与概况不符，造成资金的使用混乱；（3）建设项目竣工决算，虚报项目投资完成额，建设项目虚列建设成本、隐匿结余资金，未及时办理竣工验收，导致竣工决算失真和账外资产等风险；等等。

六、合同管理风险评估

任何单位在与其他民事主体发生经济业务往来时，不仅应该订立书面合同，而且应当在合同管理的各个阶段妥善管理相关风险。合同可能是钱权交易的腐败滋生地，应当尽可能梳理出单位合同管理存在的主要风险，主要是在合同订立和合同履行两个方面的风险。

合同订立方面的风险主要包括：（1）合同调查，合同调查组织部门对合同双方未调查或者未履行恰当的调查程序，缺乏完善的合同调查报告制度，知识合同履行存在风险，单位利益存在风险；（2）合同谈判，合同谈判负责部门与合同双方合谋在重大问题上做出不当让步或者泄露本单位的合同谋略，容易导致单位合同受损；若未建立责任追究制度、未对谈判的重要事项和各方意见进行详细的记录，缺乏重要凭据，难以进行责任追究；（3）合同拟定文本，在合同拟定的过程中故意隐藏重大疏漏进行合同欺骗，未采用合格标准拟定合同，容易造成单位损失；重大经济合同，未聘请专业法律顾问和第三方技术专家审查合同条款，或者合同负责人未及时发现合同问题，容易造成单位损失；（4）合同审核，未建立会审制度，归口管理部门、业务部门、财会部门未对合同条款、格式进行严格审核，可能使单位面临诉讼风险或造成经济利益损失；（5）合同签订，未对各类合同的签署权限进行明确规定并且未对合同专用章进行严格的管理，授意或合谋串通签订虚假合同，谋取私利或套取转移资金，极易在合同上造成资金的严重损失；等等。

  合同履行方面的风险点如下：（1）合同履行情况监控，未明确相关人员的责任，未建立合同履行定期调查制度或者发现合同履行过程中的风险不采取措施，合同纠纷处理不当可能致使国家利益受损；（2）合同履行监督审查，未按照规定程序办理合同的补充、变更、解除等，未对造成的损失及时申请索赔，可能导致单位利益受损；（3）合同价款支付，未按照合同管理信息系统跟踪合同履行情况，未按照合同履行期限、金额和支付方式进行付款，可能会导致单位经济利益遭受损失或者面临诉讼风险；（4）合同登记归档，合同及相关资料的登记、流转、保管不善，导致合同及相关资料丢失，影响合同的正常履行和纠纷的有效处理；未建立合同信息安全保密机制，致使合同订立与履行过程中涉及国家机密、工作秘密或商业秘密泄露，导致单位或国家利益损失；（5）合同条款不完备或只订立口头合同，导致合同无效或权责不清；（6）合同纠纷处理，在合同订立、履行过程中出现合同纠纷问题，未及时处理或者处理不当，可能损害单位利益、信誉与形象；对于合同纠纷协商无果，经办人员未向单位负责人报告，可能会导致仲裁或者诉讼风险；等等。

第四章

行政事业单位内部控制的目标、原则和要素

内部控制是行政事业单位内部管理的重要组成部分。内部控制是预防风险、加强内部控制体系建设、实现国家治理体系和治理能力现代化的有力工具。新时代，行政事业单位依靠我国强大的综合竞争力和经济的高质量发展，已经初步建立了相对完善的内部控制体系，有效地提升了行政事业单位的整体质量。

第一节 内部控制的目标

行政事业单位内部控制是因满足单位特定需求而产生的，特定需求就是内部控制所要达到的目标，没有明确的目标，内部控制就失去了明确的指向。因此，行政事业单位内部控制目标是构建行政事业单位内部控制框架体系的起点和核心。根据我国行政事业单位的特点，本文认为，我国行政事业单位内部控制的目标是：合理保证单位经济活动的合法合规、提高公共服务的效率和效果、防范舞弊、预防腐败。

在探讨行政事业单位内部控制目标之前，需要分析行政事业单位行政行

为在实施过程中可能会存在的风险的类型以及应秉持的理念。同时,明确行政事业单位行政行为内部控制与当前行政事业单位经济活动内部控制的异同之处。最后围绕行政事业单位行政行为可能会存在的风险以及进行内部控制的目标进行具体阐述。

行政事业单位实施行政行为的过程中,可能会出现的风险有以下几种。第一,行政行为不当以及行政行为效率低下。行政行为是行政事业单位依法依规履行行政职能并且对行政相对人甚至整个行政客体施加影响的一种行为。实践中,行政事业单位部分行政人员存在不作为、乱作为的行政行为。他们多考虑眼前利益,忽视长远的效果和长远的利益。单位内部的行政机构中存在权责不清晰、分工不明确、人员不够专业化,遇到事情相互推脱、踢皮球等情况,这些都是行政行为不当以及行政行为效率低下的表现。第二,行政权力失控,出现贪污受贿现象。相比于行政行为不当以及行政行为效率低下的情况,行政权力失控,甚至贪污受贿所带来的危害性更强、范围更广。如果行政部门缺乏有效的监督,行政行为极易失控,即自由裁量权就会被违规使用。第三,公信力丧失。"千里之堤,溃于蚁穴",上述两种情况没有得到足够的重视,没有进行恰当的处理,就会影响行政事业单位在民众中的形象,同样,行政事业单位权力的合法性就会受到威胁,民众的支持度以及认可度就会降低,从而导致行政事业单位的公信力降低。当行政事业单位的公信力降低时,民众对行政事业单位的信任以及支持也会被损坏,从而导致行政事业单位在履行其职能的时候效率低下。如此循环往复,行政事业单位必然会受到这些情况的危害。因此,对行政事业单位进行内部控制就非常有必要了。

一、使行政行为从属于法律

我国《中华人民共和国宪法》第 85 条、第 105 条规定,我国国家行政机关是通过持续、高效执行国家权力机关法律、法规和决议，调整各种利益关系，实现国家权力机关立法意图或规制目的的国家机关。因此，行政行为就是一种通过执行法律为公众提供服务的行为。[①] 如今的社会呈现出多元化的趋势，社会经济的发展也是瞬息万变的，在行政事业单位内部进行内部控制是必不可少的。行政事业单位的行政行为类型是多种多样的，其行政管理的对象也是多种多样的。为了使行政人员和管理对象之间的管理与被管理更加专业化，更加具有针对性，就不得不在行政事业单位内部进行控制。同时在建立内部控制框架体系的时候，必须使其制订的规则符合法律的要求，使其与其从属的法律具有一致性。

二、使行政行为更加具有服务性

《中华人民共和国宪法》第二十七条规定，一切国家机关和国家工作人员必须依靠人民的支持，经常保持同人民的密切联系，倾听人民的意见和建议，接受人民的监督，努力为人民服务。为人民服务就是和最广大的人民群众取得最密切的联系，全心全意为人民服务，一刻也不能脱离群众。如今的公共部门的管理更加强调的是人民大众的公共利益。结合现实来看，我国的公务员就是典型的行政人员，对于公务员队伍进行监督、管理是很重要的。我国公务员的特点，也可以说是对公务员的要求是：第一，政治中立；第二，接受中国共产党的领导，同时学习马克思列宁主义、邓小平理论以及习近平新时代中国特色社会主义思想；第三，为人民服务，做人民的公仆。"无规矩，不成方圆"，以上所述都需要公务员自身去约束自己。一旦公务员抵制不了外界的诱惑，利用自己的权力从人民大众身上谋取利益，那么所谓的服务型政府也就无从谈起。行政事业单位内部控制的建立，对于服务性行

---

① 李英. 行政事业单位行政行为内部控制框架体系研究 [D]. 大连：东北财经大学，2015.

政行为的完成是必不可少的。内部控制体系的建立可以规范、监督行政人员的行为,同时也可以使行政人员的工作更加有效率,提高公众的满意度、对行政事业单位的信任度,更重要的是能够提高行政事业单位的公信力,这对行政人员的工作和服务型政府的建立起到了极大的促进作用。

三、使行政行为更加规范、公平和公正

行政事业单位的工作不仅仅是追求高效率,更重要的是办事的质量,在质量合格的基础上追求高效。当行政事业单位致力于追求高效的时候,内部控制的作用就显现出来,它可以规范行政人员的行为,避免其违规、滥用权力。按照行政事业单位行政行为的理念,可以将行政行为内部控制目标归纳为三个层次:

(1)最低层次控制目标:合规,即遵守法律法规的最低要求。行政事业单位的主要职能体现在将权力机关制定的法律规范具体应用到对行政事务的管理活动之中,行政行为对法律的从属性决定了遵守法律法规是行政事业单位进行行政行为的底线,也是其他目标存在的前提和基础。该目标要求行政事业单位行政许可、行政复议、行政确认、行政备案、行政给付、行政强制、行政裁决、行政处罚、行政征收等行政行为均在法律法规允许的范围内、按照法定规范程序获得相应要件方可进行。

(2)中间层次控制目标:公正,即防范舞弊、预防腐败。行政事业单位行政行为的实质是对公共利益的集合、维护和分配。因此,我国行政事业单位掌握着大量的公共资源,在资源分配过程中,由于缺乏对权力的有效制约和监督,权力滥用、贪污腐败行为时有发生,造成对社会资源的极大浪费和分配不公。行政行为的无偿性决定了其内部控制应当以加强对公权力实现公共利益利用情况的监督制约、防范舞弊腐败为目标。

(3)最高层次控制目标:高质、高效、高满意度,即提高行政效率和公共服务水平、增强政府公信力。随着人文精神的转变和公共利益观念的确立，行政行为应当越来越体现为公共服务行为，即公务行为，致力于利用国家和人民赋予的公权力实现公共利益来满足人民群众物质、文化、精神需要。行政行为的服务性和过程性赋予我国行政事业单位的职责使命是通过其行政行为管理公共事务、提供公共服务，提高行政行为效率和效果，这是行政事业单位行政行为内部控制的最高目标，也是行政事业单位经济活动和行政行为共同的最高目标。[1]

第二节　内部控制的原则

《行政事业单位内部控制规范（试行）》第五条规定了行政事业单位内部控制应当遵循的原则，如下。

第五条　单位建立与实施内部控制，应当遵循下列原则：

一、全面性原则

内部控制应当贯穿单位经济活动的决策、执行和监督全过程，实现对经济活动的全面控制。

全面性包括三个方面的全面。一是控制对象的全面。行政事业单位内部控制不仅仅针对普通员工，而应该从领导班子到基层员工覆盖到每一个对象。二是业务范围的全面，行政事业单位内部控制应当覆盖单位各种业务及公共事项，包括内部的活动及对外的业务。三是业务流程的全面，无论是决策、执行还是监督，每一个流程都需要进行控制。[2]

---

[1] 李英. 行政事业单位行政行为内部控制框架体系研究［D］. 大连：东北财经大学，2015.

[2] 肖奕. 行政事业单位内部控制优化路径研究：以 N 海关为例［D］. 南昌：江西财经学，2023.

在行政事业单位建立内部控制体系的过程中，有很多需要遵守的规则，行政事业单位的工作内容虽然是以广大人民群众的利益为根本，但是涉及很多经济方面的工作内容。行政事业单位的工作也是一项经济活动，从开始到结束的过程中，涉及决策、监督、执行。对于经济活动的全过程要实行内部控制，其目的是使行政事业单位的工作更加规范、更加公平公正。这就是行政事业单位内部机构的内部控制原则之一的全面性原则。

二、重要性原则

在全面控制的基础上，内部控制应当关注单位重要经济活动和经济活动的重大风险。

重要性原则是指内部控制的建设与实施过程中应该聚焦重点。在业务流程中出现差错可能会给组织带来极大损失的关键环节以及风险较高的岗位需要重点关注。行政事业单位应该加强控制这些重点部分，例如执行初核与复核相分离等控制程序，以降低行政事业单位内部控制风险。① 全面控制是内部控制的基点，影响经济业务活动关键点和重大风险各项因素，应该作为重点被关注。

三、制衡性原则

内部控制应当在单位内部的部门管理、职责分工、业务流程等方面形成相互制约和相互监督。

制衡性原则指的是通过制衡的手段来完成内部控制。行政事业单位集中了大量的公共权力及社会资源，如果不对权力进行约束，将会带来恶劣的影响。行政事业单位应该将决策、执行以及监督三项权力相分离，分别设置独立机构进行管理，既要保持各自的权限，又要相互制约保持平衡，实现不相容岗位的分离。同时也要建立相应的议事机制，避免出现行政事业单位领导

---

① 肖奕.行政事业单位内部控制优化路径研究：以N海关为例[D].南昌：江西财经大学，2023.

权力过度集中的现象。

在结构的治理、机构的设置、权责分配、业务的分配等方面，内部控制应该做到相互制约和监督。在用人时坚持"用人不疑，疑人不用"，而在遵循制衡性原则时应转变为"用人要疑，疑人要用"的理念。现代管理学家认为，用人要疑，在建立适当的监督稽查机制的前提下才使用；疑人要用，必须要管控才能使用。在存在的内部控制风险面前，对于优秀人才的使用更应该体现这种使用原则。因为优秀人才往往对应着重要岗位，而重要岗位的内部控制风险往往会给单位带来颠覆性影响。①

四、适应性原则

内部控制应当符合国家有关规定和单位的实际情况，并随着外部环境的变化、单位经济活动的调整和管理要求的提高，不断修订和完善。

内部控制是与行政事业单位的机构设置、职能、职责、业务范围等相适应的，而且随着外部因素的变化进行调整和不断完善。

适应性主要包括两个方面：一是机构和岗位的设置需要符合内部控制职能需求，在内部控制体系建设之初明确机构及岗位的层级、范围、职责等要素。二是内部控制体系要实现动态调整更新，对已经不适用的法律法规及时进行调整和修订。

内部控制制定前要进行周密的调查，全面分析和掌握本单位财物管理情况，使内部控制制度能适应实际工作的需要，必须要做到针对性强，并且能够根据实际情况有的放矢。即使有些制度需要长期执行，我们也需要定期对制度所产生的效果进行反思，也要根据实际情况不断地进行改变和完善，以确保内部控制制度的适应性，使内部控制制度能够经得起实践和时间的考验。

---

① 杨民. 浅谈内部控制制度建设中制衡性原则的遵循 [J]. 管理观察, 2015 (32): 85-87.

在当前的社会经济环境下，行政事业单位加强内部控制建设具有极其重要的意义，它能有效保障各项社会经济活动的合法性、合规性，确保各项财务信息的真实性、准确性，有效维护资产完整与资金安全，进一步提升行政事业单位的公共服务效果与效率。因此，内部控制的实施必须严格按照以上所述四项原则进行，这样才能更好地建设行政事业单位内部控制体系。

第一，加强行政机构的内部控制有助于完成其任务。新时期，行政事业单位面临着日益复杂的内外部环境。行政事业单位必须适应环境变化，结合发展规划和工作要求，有效履行单位职责，为社会经济发展做出贡献。加强行政事业单位内部控制有助于促进各种商业活动的发展，更好地为社会提供公共服务。第二，加强行政事业单位内部控制有助于其稳定运作。将内部控制作为行政事业单位管理的一项重要环节，行政事业单位可以有效地将机构治理与财务管理联系起来，加快产业融合，确定内部控制的重点和路径，规避各种风险，促进单位稳定运营。第三，加强行政事业单位内部控制有助于维护其良好的社会形象。加强行政事业单位内部控制可以使其提供更好的公共服务，从而维护其良好的社会形象。第四，加强行政事业单位内部控制可以防止其出现违规行为。从行政事业单位中内部控制的实践来看，加强行政事业部位内部控制可以有效地预防和避免各种违规和违纪行为。在建立内部控制的过程中，行政机构应遵循不兼容职位分离的原则，加强监督和控制，有效避免各种形式的偏好和欺诈。

《行政事业单位内部控制报告管理制度（试行）》第四条规定了行政事业单位编制内部控制报告应当遵循的原则，如下。

第四条　行政事业单位编制内部控制报告应当遵循下列原则：

一、全面性原则

内部控制报告应当包括行政事业单位内部控制的建立与实施、覆盖单位层面和业务层面各类经济业务活动，能够综合反映行政事业单位的内部控制建设情况。

二、重要性原则

内部控制报告应当重点关注行政事业单位重点领域和关键岗位，突出重点、兼顾一般，推动行政事业单位围绕重点开展内部控制建设，着力防范可能产生的重大风险。

三、客观性原则

内部控制报告应当立足于行政事业单位的实际情况，坚持实事求是，真实、完整地反映行政事业单位内部控制建立与实施情况。

四、规范性原则

行政事业单位应当按照财政部规定的统一报告格式及信息要求编制内部控制报告，不得自行修改或删减报告及附表格式。

在财政部"以报促建"内控管理思想的指导下，内控报告不再纯粹是为了提供相关信息，而是通过内控报告的方式指导和监督所属单位深入推进内部控制建设工作。

自2012年以来，财政部先后出台了《行政事业单位内部控制规范（试行）》（2012）、《关于全面推进行政事业单位内部控制建设的指导意见》（2015）等一系列政策规定，要求尽快建成符合国家治理体系和治理能力现代化要求的科学的内部控制系统，从而更好地体现内部控制的重要作用。近年来，党和政府强化了对权力运行的监管，大力推进治理体系和治理能力现代化的建设。例如，2020年的政府工作报告提出要对财政支出构成的内容进行调整并优化，重点领域的支出必须得到保障，一般性的支出要尽可能压缩。《预算法实施条例》（2020）、《行政事业性国有资产管理条例》（2021）等对单位内部控制机制建立及规范管理进行了明确规定。《会计改革与发展"十四五"规划纲要》（2021）强调了单位对于建立并有效实施内部控制的主体责任。《行政事业单位内部控制报告管理制度（试行）》（2017）强调了单位内部控制报告相关管理问题。这一切标志着行政事业单位的内部控制规范建设进入一个新的阶段。作为行政事业单位，其内控报告制度的完善显得尤为重要，毕竟很多内部控制问题是在报告编制过程中凸现出来的，如：制度冗杂、不成体系；岗位设置不合理，权责边界模糊；支出范围、标准和审批程序未建立或执行未到位；业务领域制度建设不够完善，职责范围不太明确；风险评估和内部控制评价开展不到位；等等。通过分析和整改这些问题，行政事业单位可以进一步促进其内部控制体系的完善，所以内部控制报告的编报对内部控制框架的优化起到了指引和规范的作用。[1]

重视内部控制报告的填报和分析工作，对建设服务型政府具有推动作用，是完善国家治理体系的重要抓手，更是提高行政事业单位内部管理水平和管理质量的创新手段，同时也可以提升行政事业单位的公信力。

行政事业单位应从以下几个方面来提高内部控制报告的编制质量。

首先，加强组织领导，重视对问题的反馈。我国的行政事业单位的数量规模极其庞大，人员众多，完成内部控制报告编制需要上级领导和上级单位的指导和协助，行政事业单位中的内部控制报告编制人员在编制过程中，经常会向单位领导或有关部门反馈本单位内部控制建设过程中存在的问题或不足，需要补充某些相关措施，或者采取某些行动。行政事业单位领导层应重视此类意见或建议。其次，加强对行政事业单位内部控制报告编写人员的培训。专业的人做专业的事情，行政事业单位内部控制报告的编制人员的素质直接决定了内部控制报告的质量。定期组织行政事业单位编制人员学习最新的政策文件精神和要求，强化内部控制理论学习，鼓励非财务部门相关人员学习内部控制报告编制相关知识，这将有利于提高报告的质量。再次，以数字化系统促进内部控制建设。数字化系统对行政事业单位内部控制建设具有

---

[1] 赵叶灵，胡永波，潘俊. 高校内部控制优化的框架构建与路径选择：基于《行政事业单位内部控制报告》实施驱动视角 [J]. 财会通讯，2023（10）：19-24.

巨大的促进作用，各个行政事业单位应该根据自己本单位的实际情况来进行数字化的改进和完善。最后，加强对内部控制报告编制成果的评价。行政事业单位内部控制报告编制完成并上报后，上级单位应加强对下级行政事业单位内部控制报告质量的评价，通知下级员工要给予领导相应的反馈，这样才能形成良好的循环互动，达到逐步提高内部控制报告编制质量的目的。

第三节 内部控制的主体与客体

行政事业单位内部控制是我国全面依法治国的重要组成部分，是实现中国式现代化的坚实基础与有力支撑。2012年，财政部印发《行政事业单位内部控制规范（试行）》，从政策层面明确了行政事业单位内部控制的适用范围为"单位"，对行政事业单位内部控制的范围进行了界定，在这个模块，笔者主要对内部控制的主体范围以及内部控制的客体范围进行界定。

一、对行政事业单位内部控制的主体范围的界定

行政行为主体是指根据中国有关法律、法规授权具备法定条件并且能在权限范围内以自己的名义行使国家行政职权，做出影响行政相对人权力义务的行为并由其本身对外承担法律责任的组织。

我国行政事业单位是世界上数量最多的，但是并不是所有行政事业单位都应该包含到我们所提及的行政事业单位内部控制研究范围的。依照《公务员法》管理的各行政单位，即中国共产党各级机关、各级人民代表大会及其常务委员会机关、各级行政机关、中国人民政治协商会议各级委员会机关、各级审判机关、各级检察机关和各民主党派机关都由财政资金保障并享有一定的公权力，从防范行政风险、提高行政行为效率和公共服务效果的标准来看，都应当纳入行政事业单位行政行为内部控制的主体范围。相对于行政单位来说，事业单位更加错综复杂，《中共中央国务院关于分类推进事业单位改革的指导意见》按照事业单位所应当承担的社会功能将其划分为承担行政职能的行政性事业单位、从事生产经营活动的经营性事业单位和从事公益服务的公益性事业单位三大类事业单位。

行政事业单位行政行为的内部控制的主体范围应当限定于实施行政行为的主体中，即所有行政单位和具有行政管理职能的行政性事业单位。对于上述主体范围我们要做出如下几项资格要求：（1）行政主体资格，即行政行为必须由行政主体做出，不属于行政主体的无权做出行政行为；（2）行政行为权限，即法律、法规为每个行政主体规定了法定的权限，行政主体只能在法定的权限范围内实施行政行为，不能越过法律的范围来行使行政权力，否则，就会构成行政行为主体不合法（如工商行政管理机关对实施了违反治安管理处罚条例行为的公民处以罚款，因工商行政管理机关没有在法定的权限范围内实施该行为，构成了该行为主体不合法）；（3）相应会议讨论决定通过的程序，法律、法规规定了一些行政行为必须通过会议讨论后才能付诸实施，经行政首长签署才能对外发生法律效力，行政行为的做出必须通过满足法定人数出席的会议、遵守规定的会议流程、有相应行政首长的签署才能视为相应行政主体的行为。

二、对行政事业单位内部控制的客体范围的界定

行政事业单位内部控制的客体范围，就是内部控制指向的对象范围，就是内部控制作用的对象范围，也是行政事业单位的各种各样的日常运营管理活动。《行政事业单位内部控制规范（试行）》在确定行政事业单位内部控制的客体范围时面临着如下困扰：（1）内部控制的理念已从会计审计意义深化、拓展为组织战略管理和风险控制，如果仍将行政事业单位内部控制限定

于财务领域，则背离了内部控制理论的发展趋势；（2）当前行政事业单位内部控制主要由财政部负责推进，如果定位于行政事业整体运营管理活动则超出了财政部门的职责范围，观念上较难被接受，实际工作推进中也对财政部提出了更高的要求。因此，《行政事业单位内部控制规范（试行）》最终将客体范围限定为以资金、预算为主线的行政事业单位经济活动。

党的十八大以来，尤其是十八届三中全会在全面深化改革中强调加快转变政府职能和强化权力运行制约和监督体系后，"规范公共权力的运行、加强对行政权力的制约和监督，把权力关进制度的笼子里"等一系列制度与政策落地，行政事业单位内部控制在各级行政事业单位顺利铺开，内部控制的观念深入人心，更加把单位内部控制提升到了国家治理和依法治国高度。

《行政事业单位内部控制规范（试行）》中确定的行政事业单位内部控制的控制范围并不全面，在此将行政事业单位内部控制的客体范围从"经济活动"扩大到所有"业务活动"，即行政事业单位在履行行政职能、执行行政行为的过程中所发生的一切活动，包括所有行政事业单位为履行其法定职能所进行的核心业务活动和因此必须进行的非核心业务活动（包括经济活动）。行政事业单位的核心业务活动由其法定的职责使命决定，除此之外的任何其他业务活动，包括与公共财政资金流动有关的经济活动，都是围绕履行该法定职责、维持单位正常运转、高质量完成核心业务活动发生的，只有这样才是合理合规的。比如行政立法行为内部控制的客体是行政立法过程，虽不涉及经济资源的运动，但却是行政事业单位承担公共服务职能的权力体现，是其核心业务工作。工程建设活动内部控制的客体是工程建设项目，具有明显的经济活动特征，但是并非行政事业单位的核心业务工作，只是为了维持单位正常运转和改进其职能履行状况而进行的业务活动。行政事业单位内部控制不应仅仅局限于控制各类单位共同面临的资金消耗、资产安全、财务信息等风险，还需依照行政事业单位职能性质差别制定针对前文所述的行政事业单位核心业务活动，即行政行为的内部控制制度。

一般来说，内部控制的主体应该是内部控制标准的制定者和输出者。然而，实践中，行政事业单位内部控制问题之间存在一些混淆，它们通常可以分为三种形式。一种是最高审计署制定和发布内部控制标准，根据这些标准评估行政事业单位各部门实施内部控制的有效性。例如，在玻利维亚，审计长办公室为整体的行政事业单位制定和发布内部控制标准，并用这些标准来评估行政事业单位的内部控制。另一种方法是，行政事业单位自身制定内部控制标准，最高审计机关在此基础上进行评估。例如，在埃及，各政府部门的最高管理层为本部门制定并公布内部控制标准，供政府审计机构用于评估政府部门的内部控制。在冰岛，各政府部门的管理层为各自部门制定并发布内部控制标准，而国家会计、会计委员会和税务机关则制定并发布财务控制标准。会计办公室根据这些标准评估政府部门的内部控制。第三类是行政事业单位自己制定自己或专业的内部控制标准，而最高审计机关制定总体性、原则性的内部控制准则，审计机关根据这些标准评估行政事业单位各个部门的内部控制。例如，在美国，预算和管理办公室为政府部门设定内部控制目标，而政府部门的司法部部长则为自己的部门制定内部控制标准，并制定联邦政府内部控制标准，并根据这些标准对政府部门的内部控制进行评估。从实践的角度来看，中国是财政部负责制定和公布内部会计准则、审计署负责制定和披露审计机构内部审计评估准则以及审计机构利用这些准则评估政府部门内部控制的第二种形式。

主体不可能独立于客体而存在，主体的地位是在实践活动和人与客体世界互动的过程中形成和确立的。即主体与客体同时存在，实践与客体同时存在。所谓客体，是指主体活动所指的客体，是包含在主体活动范围和结构中的客观存在，从而与主体具有现实关系。客观世界中的一切事物都可以作为潜在的客体存在，只有当某一事物在特定的认知和实践过程中被主体客体化，成为主体认知或实践的客体，它才能成为真正的客体。主体和客体既不是天生的，也不是牢固的，而是由特定的相互作用和联系决定的。在同一个实践过程中，不同的认知和实践语境决定了不同的主体和对象。

我们以企业为例来具体叙述一下内部控制的主客体。

内部审计属于内部控制五大要素中的内部环境，内部环境是企业实施内部控制的基础，一般包括治理结构、机构设置以及权责分配、内部审计、人力资源政策以及企业文化等，我们就内部审计质量控制的主体与客体展开叙述。

内部审计质量控制要取得比较好的效果，就必须有一个完整、科学的组织结构。公司可以是大公司，也可以是小公司，对于小公司而言，这方面的工作量通常相对较少。因此，只能雇用一两名专家负责这项工作。内部审计质量控制的主体是审计人员，他们具体负责公司的内部审计工作。此外，还必须建立适当的内部审计标准，科学划分具体任务的分工和责任，并有严格的评估方法。这对内部审计师提出了更高的要求，他们主要有强烈的责任感，能够认真对待自己的责任。内部审计质量控制的客体是被检查的对象，包括内部审计的质量和对内部审计过程的控制。审计师的选拔也应该有一定的制度，要求所有审计师都有审计证书才能正式加入公司。此外，还应注意许多自然和社会因素形成的回避态度，因此有必要尽可能采用轮换审计方法，以确保整个审计过程的公平、公正和独立。审计过程包括准备、实施和最后阶段的质量控制。所有阶段都应以健全、公平和适当的程序进行准备。

第四节　内部控制的方法

为了满足时代的发展需要，行政事业单位启动了一系列改革，以促进自身的发展。内部控制管理在行政行为管理中具有重要意义。它可以显著加快政府工作的转变，促进单位改革和发展，确保社会公共服务的持续改进。与普通企业相比，行政事业单位由于其非营利性质而具有一定的特殊性，因此在建立管理制度时需要考虑的问题较多。行政事业单位在我国国民经济中占据着非常重要的位置，而内部控制是行政事业单位经营与发展过程中必不可少的环节，主要目的是更好地对单位资源进行调配和利用，规避各类风险，使单位健康有序地运转。基于此，本书将从行政事业单位内部控制的基础概念出发，对当前行政事业单位内部控制建设存在的问题进行分析，并在此基础上提出了内部控制的优化途径和方法。

行政事业单位内部控制体系建设中存在如下几个方面的问题。行政事业单位内部控制制度与其实践存在偏差，即在现实工作中，单位并没有结合自身经济活动的特点建立有规则导向的内部控制制度，而是直接生硬地照搬照抄原则导向的政策条款。由于原则导向的制度是无法与日常控制活动的过程紧密结合的，这就导致内部控制无法真正实现流程化，也没有在业务节点固化控制方法，不利于明确岗位职责和开展绩效评价。此外还有，原则导向的政策在基层单位实施过程中会出现有意简化或曲解的情况，业务节点采用的控制方法更多的是体现了单位决策者的经验总结或是个人理解，不利于内部控制政策的有效执行。风险评估机制执行不到位，即有些行政事业单位认为内部控制体系就是在建设初期识别出风险点，这样便可以一劳永逸，无须再根据管理要求或是环境的变化重新评估风险，这个认知误区导致不少行政事业单位长期不开展风险评估工作，这完全不利于行政事业单位行政行为内部控制的展开。评价监督制度的作用发挥得不够明显，即长期以来，评价监督的主体归属和监督渠道的问题一直是被重点关注的话题，内部控制不仅需要内部行政人员树立自我意识，自觉地服从、遵守内部控制的实施与管理，同样需要外部的监督，包括民众以及媒体舆论的监督。内部控制信息化、职能化程度不高，即与人为操作相比，信息化管理具有可追溯性、不可篡改性、公开透明性等特点,因此推动内部控制与信息技术相结合,把内部控制流程嵌入信息化系统中,可以减少人为操作的影响,提升单位内部控制的实施效果,但是很多行政事业单位的信息化和职能化程度并不高,这是我们需要重视以及改善的问题。行政事业单位内部对于内部控制体系的认同程度较低,即行政事业单位内部员工在心理层面对内部控制的认同程度会直接影响内部控制的执行情况,若行政事业单位内部员工对行政行为内部控制的认同度足够高,那么其内部控制实施起来就会很容易、很顺利。行政事业单位内部工作人员对其行政行为内部控制的认同程度低,在进行内部控制时,会出现抵触情况,甚至是漠视内部控制的实施,直接影响行政事业单位内部控制的实行。

一、完善原则导向与规则导向相结合的内部控制制度

为了更好地满足行政事业单位内部控制的管理要求,行政事业单位需要将原则导向的方法论和规则导向的程序论统一在行政事业单位内部控制制度中,将原则导向中的目标控制、结果控制和规则导向的过程控制结合在一起,发挥各自的控制效应。目标控制就是通过设立行政事业单位所要实现的内部控制目标,来围绕这个目标进行管理和控制,从而实现内部控制的高效率,实现公共事业管理的高效率。结果控制与目标控制是分不开的,在日常生活中我们经常说,设立一个目标,并朝着目标努力,有了目标的对比才能知道有没有实现目标,得到结果才能知道结果是好是坏。在行政事业单位的内部控制制度中也是如此,结果控制是将进行行政事业单位内部控制管理之后的某些经济以及其他方面的业务活动的结果相联系,这样才能用得到的结果相对于目标的实现程度去衡量行政事业单位行政职责的履行程度。同样,规则控制通俗点来讲就是,行政事业单位内部控制要按照制订的制度流程来实施,这样才能保证行政事业单位内部控制制度的顺利实施,才能提高

公共事业管理的效率。

二、完善风险评估工作机制

风险评估机制不仅在风险发生之前起预防作用,而且在风险发生之后起评估风险所带来的危害性的作用,这是为了更加因地制宜地解决风险问题。如何完善风险评估机制?可以从以下几个方面进行讨论:首先,建立一个专门的、专业化的风险评估机构,同时建立行政事业单位内部各部门之间(横向职能部门之间、纵向部门之间)的联系和沟通机制,并且保持各部门之间的沟通交流;其次,建立一套定期进行风险评估的机制(整个单位为一年一评估、每个部门为一季度一评估、每个小组为一个月一评估),更好地起到防范风险的作用,起到防患于未然的作用;最后,要更加关注风险发生的范围,要拓宽关注面,不仅要关注行政事业单位内部的微观层面的风险,更要关注外部环境的宏观层面的风险。

三、建立多元化的评价监督机制

出台一项政策,无论是国家层面的政策,还是地方层面的政策,都需要一整套的流程才能全面实施。其中就包括监督机制作用的发挥。正式出台一项政策前通常会进行试点,评估后才能大范围实施。这不仅包括政策实施的硬性的可行度,还包括民众和媒体的反馈,这样就需要民众参与进来,监督政策从政策制定到实行的整个过程。

多元化的内部控制制度的评价监督机制需要建立几个层面的机构:首先是行政事业单位内部组成的小组,他们能够第一时间得到信息,其监督更加具有及时性,能更好地进行评价监督;其次是民众和媒体,他们能进行最直接的评价和监督;最后是第三方机构,也就是专业化的评价监督小组,他们有专业化的素养,能够提供专业支持,以提高内部控制的水平。

四、加快行政事业单位内部控制信息化落地

信息技术的兴起重建了行政事业单位的业务流程管理，为推进内部控制体系建设提供了技术支持，为业务活动的流程管理提供了新思路。首先，建立内部控制信息化系统，实现业务模块间的基础数据共享。尚未建立信息化系统的单位，可借鉴其他同类单位信息化建设的经验，积极开展信息化系统的开发工作。已经建立了信息化系统的单位，要进一步通过各业务模块间的关联来实现大数据管理，打破信息孤岛的局面。同时要根据政策的变化要求，及时完成信息化系统的更新，确保信息系统与政策要求一致。其次，对内部控制信息化建设实施绩效管理，设置相关的绩效考核指标，明确信息化建设岗位的职责要求，落实单位的建设责任。最后，充分发挥科研机构、专业软件开发公司等社会力量，借鉴开发企业信息化系统的经验，鼓励把信息化理论研究与单位经济活动实操相结合，推进理论成果的转化，为单位提供实用的信息化应用模块。①

五、加强行政事业单位内部控制文化建设

内部控制是在健全有效的内部控制框架内预防和控制经济活动风险的管理活动。制度结构只是内部控制体系框架的理论基础，不能取代内部控制文化的建立。王清刚认为，只有植根于行政事业单位文化的内部控制活动的影响才是长期而深远的。因此，行政事业单位必须加强内部控制的文化建设，同时努力营造良好的内部控制管理氛围。一方面，部门负责人要发挥领导示范作用，更要明确自己在行政事业单位内部控制体系建设中的责任和影响力，带头严格遵守内部控制制度，做好自我控制，成为行政事业单位内部

---

① 孙珺玉. 关于推进行政事业单位内部控制体系建设的方法探究 [J]. 商讯, 2022 (26)：155-158.

控制制度建设的动力。另一方面，行政事业单位管理层要制定专门的制度定期对全体员工进行内部控制的知识培训以及通过考核检验培训成果，以提高行政事业单位员工对内部控制的理解，使他们明确自己在行政事业单位内部控制实施过程中的定位，树立内部控制制度贯穿业务活动全过程、涉及全体员工的整体性理念。通过行政事业单位内部强有力的自上而下的领导，所有员工都能在心中识别并自觉接受且认可内部控制，这对内部控制的执行有着非常积极的影响。

在行政事业单位管理中，内部控制建设具有非常重要的现实意义，具体体现在以下几个方面：

一是能够提高单位内部的管理水平。从实践经验和相关数据来看，建立严格的内部控制，对现行的管理制度和工作环节进行监管，能够及时发现管理中的问题，采取防控措施，大大提升了单位的管理水平。

二是能够规避运营风险，推进廉政建设。通常来说，由于各种内外因素的影响，行政事业单位内部管理中会存在很多风险，而在建设内部控制制度的过程中，会引进一些先进的风险防控理念，对经济行为进行全面的风险评估，并快速做出多方面的风险防范，有效规避风险，最终形成相应的监督链，从而推动廉政建设。

三是有助于提升行政事业单位社会服务能力。行政事业单位不同于其他企业，它的职能就是为国家、为社会公众服务，因此单位是否能为社会创造更多价值、提供更优质的服务，是反映行政事业单位自身实力的主要标准。而加强单位内部控制的建设，对于单位整体和业务层面都有重要的意义，也是行政事业单位实现自身价值的重要途径。因此，及时开展单位内部评价，做好风险防控，能够有效提升单位的社会服务能力，提高社会公众的满意度。[1]

---

[1] 张佳. 行政事业单位内部控制中存在的问题与解决对策探讨［J］. 财经界，2023（26）：57-59.

第五节　内部控制的要素

行政事业单位内部控制是其顺利完成本职工作的保障制度，包括五个部分：内部控制环境、风险评估、控制活动、信息和沟通以及内部监督。其中，行政事业单位内部控制制度的基础和环境条件是内部控制环境，内部控制环境是五要素之首。行政事业单位内部控制制度的关键是风险评估，风险评估是实施内部控制的重要环节，是实施控制的对象内容。行政事业单位内部控制制度的方式方法和手段是控制活动。行政事业单位内部控制的载体和重要条件是信息和沟通，并且信息与沟通贯穿于各要素之间。内部监督是实施内部控制的重要保证。内部控制各要素构成一个有机的多维的相互联系、相互影响、相互作用的整体，共同构成实现内部控制目标的体制机制和方式方法的完整体系。在行政事业单位内部控制体系的监督和制约下，内部控制可以安全、有效、顺利地进行。如图 4-1 所示：

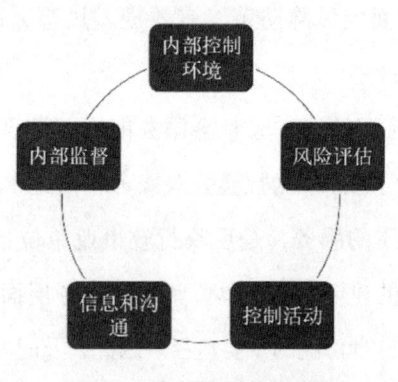

图 4-1　内部控制的要素图

<<< 第四章　行政事业单位内部控制的目标、原则和要素

一、内部控制环境

行政单位内部控制环境包括：组织结构、集体决策机制、职能分工和不兼容岗位分离、授权审批制度、重点岗位责任制、单位文化等。内部控制环境应充分反映单位的业务运行模式和运营管理的特点。创造良好的内部控制环境有利于建立和运行单位内部控制程序。同时，创造良好的内部控制环境也有利于行政事业单位的健康和有序运行。

内部环境可以被视为单位组织和实施内部控制的先决条件。它涵盖了文化、人力资源、政治、职业责任制度、不兼容的分工机制和决策机制等几个方面。建立组织结构和工作决策机制可以说是内部控制机制健康运作的起点和基础。通常，一个单位的内部控制环境具有以下特点。

行政事业单位在具体打造内部控制体系和业务实施过程中完全由一把手负责。同时，还需要深入审查内部审计、财务、纪检监察部门的作用。根据外部监督和具体单位要求，调整和优化组织结构，合理优化和改进工作职能体系，控制部门权限。此外，监督、执行和决策权的分配也应谨慎，以确保权力使用方面的有效控制和平衡。同时，还必须确保业务活动各方面的职责分工明确合理，确保效率和效益。

行政事业单位利用财政支撑了单位内部的资产和资金，其决策机制是领导班子集体决定，以此发挥内部控制的制衡价值。强调在具体形成决策之前应该公开政务信息，在决策进行研究过程中，应当以讨论的方式展开。也需要深度结合技术咨询、专家论证、集体研究来运行议事决策机制，避免"一言堂"一类的问题出现。①

---

① 罗秀娟. 行政事业单位内部控制的要素及实施机制探析 [J]. 商讯，2022（18）：147-150.

二、风险评估

风险评估是指在风险事件发生之前或之后（但还没有结束），对该事件给人们的生命、生活、财产等各个方面造成的影响和损失的可能性进行量化评估的工作。即风险评估就是量化测评某一事件或事物带来的影响或损失的可能程度。

在行政事业单位内部控制的运行过程中，可能发生的事件对目标实现的影响被称为风险。风险评估使行政事业单位能够及时识别和分析与业务活动中的内部管理目标相关的风险，并合理给出风险应对策略。实施内部控制的关键是风险评估，主要包括目标设定、风险识别、风险分析和风险应对。行政事业单位必须针对每一项业务内容设定目标，建立可识别、分析和管理的相关风险控制机制，并了解行政事业单位面临的各种内部风险和外部风险。这些风险通常表现在各种潜在的问题和潜在的因素中，包括自然环境、经济、社会、法律、科技以及管理、创新、人力资源和金融等外部因素。在充分识别各种风险因素后，有必要独立于内部控制对固定资产进行评估。如何对其进行风险评估，这取决于项目的内在性质、外部环境等，风险的评估和控制也很重要。控制风险由内部控制设计的合理性和运营的有效性决定。评估相关风险和其他影响的可能性和后果之后，行政事业单位的管理层应选择一系列措施，将风险降低到可控范围。

不仅如此，每项经济活动的风险评估也应至少每年进行一次，在外部的整体大环境因素以及内部管理等方面发生重大变化的时候，有必要及时解决经济问题带来的风险，从而确保经济活动的安全。对于可能出现的突发事件，行政事业单位应及时制定并完善相应的应急措施，以应对可能发生的更大风险和紧急情况。对于可能会出现的重大风险和突发事件，应提前规划方案和其他相关事项，制定问责制度，确定解决问题的程序和方法，以尽可能在发生紧急情况时能够顺利解决。

三、控制活动

控制活动是确保管理阶层的指令得以执行的政策及程序。控制活动在企业内的各个阶层和职能之间都会出现。在此我们讨论的是行政事业单位，在行政事业单位中单位管理层高层领导、中层领导以及基层员工之间也会出现控制活动，并遍布整个行政事业单位。

控制活动涉及单位管理层根据风险评估结果实施相关措施并承担相应的风险。控制活动不仅与行政事业单位内部运作的各个方面有关，为了顺利建立内部控制系统、顺利实施内部控制，我们还需要规范行政事业单位内每个干部和员工的行政行为，并告知每个干部和员工什么事情该做、什么事情不该做。如果我们加强行政事业单位内部员工的内部控制意识、提高他们的内部控制素养，那么顺利建立内部控制体系、实施内部控制活动就会更加顺利。控制活动的控制措施主要在以下几个方面：将不兼容的工作进行分离、更加明确授权审批制度、明确会计和审计制度以及规范预算管理等。

四、信息和沟通

信息不对称指交易中的各人拥有的信息不同。在社会政治、经济等活动中，一些成员拥有其他成员无法拥有的信息，由此造成信息的不对称。在市场经济活动中，各类人员对有关信息的了解是有差异的。掌握信息比较充分的人员，往往处于比较有利的地位，而信息贫乏的人员，则处于比较不利的地位。不对称信息可能导致逆向选择。

所以需要在行政事业单位与外部以及行政事业单位内部各个部门之间克服这种信息不对称，这样才能更好地进行工作、提高工作的效率。

信息和沟通是指行政事业单位能够准确、及时地传递与内部控制有关的信息，确保行政事业单位与外部环境以及单位内部各部门之间及时交换信息。这是内部控制的关键，主要是识别、计算和记录有用的经济和业务活动，及时传递财务报表信息等。只有这样，行政事业单位管理层才能及时获得有效的信息，即做出正确决策的前提条件，同时可以使其获得信息的方式更加灵活多样，使其与外部以及内部各部门之间的沟通有更多的渠道可选择。

在面对当前竞争尤为激烈的环境时，行政事业单位要稳健、高质量地发展，必须重视内部控制工作的开展，要建立健全更加科学完善的内部控制工作制度，并与时俱进、不断改革，以防范风险、规范管理，提高单位整体的抗打击能力。在具体的工作中，行政事业单位的领导层及各层级人员，均需要充分认识内部控制工作的重要性，需立足实际情况，不断地完善内部控制工作机制，加强对内部控制工作人员的培养和团队的建设，提升团队的工作能力和工作质量，有效地发挥现代信息技术的作用，完善内部控制工作的信息系统。通过这些措施，能够推动行政事业单位内部控制工作的有效开展，为行政事业单位健康可持续的发展保驾护航。[①]

五、内部监督

内部监督是指对行政事业单位内部控制制度的建立和实施以及内部绩效的评估进行监控和约束，应通过体制机制来解决行政事业单位内部控制的有效性问题，以查明和解决内部控制中已经出现的缺陷。这是行政事业单位内部控制的一个重要方面。

行政事业单位应在内部管理的各个方面进行内部监督和检查，并且应该以书面报告的形式汇报检查情况，从而用以说明内部控制的不足和缺点，这

---

① 邵宇. 浅析行政事业单位内部控制存在的问题及对策[J]. 中国产经，2023（20）：125-127.

将有利于解决行政事业单位内部控制体系建立过程中以及实施过程中所显现的问题，同时根据暴露出来的问题给出相应的改进和完善措施，这样的行政事业单位的内部控制和监督才有意义。

行政事业单位实施内部监督应该加强内部审计部门和审计师的独立性，严格遵守内部审计制度的要求，对各类商业企业开展审计工作，明确检查内容和频率，将定期检查与重要抽查相结合，规范不同公司的发展。此外，管理当局应积极接受上级主管部门、财政部门、审计部门和公众的监督，并及时披露相关信息，实施问责制度，追究违规行为的责任并采取惩罚行动。

同时，也应该重视外部监督的建立和完善。正如 SMART 原则所规定，我们要同时关注到事物内外部的机会与威胁，并且同时培养解决外部威胁的能力。所以，行政事业单位应完善其内部和外部监督机制，既要发挥内部审计的积极作用，也要利用外部监督机构的权力，及时发现和解决内部控制工作中的问题。管理当局应根据相关内部控制要求，改善工作环境、明确职业责任，实现相互约束和监督。

第五章

行政事业单位内部控制有效性的评价模式

第一节 内部控制有效性的含义和影响因素

一、行政事业单位内部控制有效性的含义

行政事业单位是社会公共服务的提供者和社会事务的监管者,是政府依法履职的主体,在推动经济社会发展过程中起着至关重要的作用。行政事业单位内部控制,是指"单位为实现控制目标,通过制定实施措施和执行程序,对经济活动的风险进行防范和管控"①。其目标主要包括:合理保证单位经济活动合法合规、资产安全和使用有效、财务信息真实完整,有效防范舞弊和预防腐败,提升公共服务的效率和效果。

财政部印发的《行政事业单位内部控制规范(试行)》对行政事业单位内部控制的理论阐述为,行政事业单位内部控制是将控制要素和控制过程相

---

① 赵小刚. 探索行政事业单位内部控制评价软件系统应用［N］. 中国会计报,2016-01-22(7).

结合的过程。静态上，它是行政部门为更好地实现目标和履行责任而形成的系统，该系统包括了内部控制环境、风险评估、控制活动、信息与沟通和内部监督等要素；动态上，它是行政部门为更好地实现目标和履行责任而开展的风险应对和规范约束的过程。

在内部控制基础理论体系不断成形的过程中，人们对内部控制重要性的认识不断加深，如何发挥内部控制防范经营管理风险、推动行政事业单位长期向好发展的作用成为学术界和实务界关注的热点。研究普遍以内部控制有效性指代内部控制作用实现程度。

单位内部控制的有效性包括设计和运行两个方面的有效性。

1. 设计有效性

内部控制设计是其运行的前提条件。只有在有效设计的条件下，加上有效执行，才能达到内部控制的目标。

评价内部控制设计的有效性主要是检验单位层面和业务层面相关的内部控制要素是否全面存在并且按照相关的标准进行了设计，判断内部控制设计是否存在缺陷。

2. 运行有效性

运行有效性是实现内部控制目标的有力保证。在设计充分的情况下，只有内部控制得到了正确有效的执行，才能实现内部控制的目标。

内部控制运行的有效性是检验单位层面和业务层面内部控制是否按照已设计的标准执行，是否存在设计完好的控制未按设计意图运行，或执行者是否获得必要授权或是否缺乏胜任能力。

二、行政事业单位内部控制缺乏有效性的表现

1. 有些单位经济管理混乱，造成资产损失或浪费；2. 有些单位使用虚假发票或掩盖不合规支出或套取资金设立"小金库"，并且呈现出"违规方

式多样性、隐蔽性、涉及金额逐渐加大，行政事业单位下属企业、社会团体成为'小金库'问题高发地区"等一些新的特点；3.有些单位违规处置国有资产，造成固有资产损失或浪费，违反工程管理规定，导致建设项目严重违反财务会计规定，造成收支不实；4.部分行政事业单位在对外投资、重大工程项目决策、重要干部任免、大额度资金使用等诸多方面，没有建立重大决策集体审议制度和公开透明的决策程序，依然存在干部任免具有突然性、资金运作具有隐蔽性的现象，单位负责人独断专行，导致部分单位出现决策失误、徇私舞弊甚至"集体决策"变成"集体腐败"等行为；5.有些单位采用"白条抵库"、虚构业务等方式贪污挪用财政资金。此外，出租或出借银行账户、未经批准擅自对外签订经济合同等现象也时有发生。这些问题不仅造成了国家财产损失，也为贪污腐败提供了温床。究其原因，主要是行政事业单位的内部控制缺失。

三、行政事业单位内部控制有效性的影响因素

笔者结合我国当前行政事业单位内部控制的实施现状、我国国体特征与行政运行的特征，得出影响行政事业单位内部控制有效性的七大因素，分别是组织规模、组织结构、单位领导重视、单位资金投入、组织文化、信息技术的利用以及外部监管与问责。

（一）组织规模

行政事业单位的组织规模主要体现在职工人数、资产总额、收入总额等方面。相关人员通过实证研究发现，规模越大的单位存有越多的程序性控制措施，也越有可能投入足够多的员工以确保不相容职务分离，越有可能在内部控制设计与运行中投入更多资源。而规模小的单位则有可能基于成本效益原则，在内部控制设计及执行过程中均打折扣，招致更多漏洞。

（二）组织结构

行政事业单位决策权、执行权、监督权的分离与协同，内部审计部门的

独立性，以及成立专门的内部控制实施机构和配备具有相关知识的专门人员，与单位内部控制的有效性直接相关。

（三）单位领导重视

领导风格对下属员工的工作行为有着重要的影响。单位领导的重视体现为，单位领导对内部控制的支持态度、执行中的率先垂范及对内部控制全过程的积极参与。在我国，单位负责人在单位内部拥有较大的权力和影响力，一个单位绩效的大小，往往取决于主要领导动员、分配单位资源的能力和方式。因此，一项制度能否有效落实在很大程度上与领导的重视程度密切相关。没有单位领导的有力支持，单位内部控制的建立与实施很难得到推动和落实。

（四）单位资金投入

单位资金投入是行政事业单位内部控制制度设计、执行和监督评价的重要保障。行政事业单位要想使内部控制真正发挥作用，就需要安排一定的资金预算，并保证将之切实投入内部控制系统的构建、实施和维护当中。

（五）组织文化

组织文化为组织内部人员提供了一套隐形的行为标准和规则，暗含了应当采取和不应当采取的行为。管理层的管理理念、规则意识、道德价值观是组织文化的重要组成部分。在实际工作中，单位员工既是内部控制的主要执行者，也是内部控制的管理对象。员工素质深受组织文化的影响。单位员工素质越高其内部控制制度执行的效果越好、效率也越高。

（六）信息技术的利用

将信息系统嵌入行政事业单位内部控制体系可以极大地克服人的自利性与非理性。信息系统和信息技术的利用，可以改变行政事业单位数据的存取、保存和传递方式，提高业务运转效率和管理效率，节省人力以减少控制成本，还可以减少人为因素造成的错误与舞弊，最终提高内部控制的效率和效果。信息技术的充分有效利用体现为信息系统在内部控制系统中的覆盖面、信息系统设计的科学性与合理性、信息系统的安全性等。

（七）外部监管与问责

财政部门的检查、审计机关的审计、纪律监察部门的巡视巡查与监察监督，对行政事业单位内部控制体系的建设和执行能起到良好的促进作用。将问责机制作为一种惩罚机制，通过外部监管能保障行政事业单位内部控制制度的有效实施。党的巡视工作对被巡视行政事业单位落实内部控制整改情况具有明显的威慑作用，巡视工作对内部控制关注度越高，则被巡视行政事业单位整改情况越好。

四、行政事业单位内部控制有效性的提升措施

（一）营造良好的内部控制环境

内部控制制度是现代企业、行政事业单位在对经济活动进行管理时所采用的一种管理手段，是企业、行政事业单位有效的管理体系中不可缺少的一个组成部分。而良好的内部控制意识则是确保内部控制制度得以健全和实施的重要前提。

首先，要通过建立选拔机制、培训制度，制定奖励措施等方法来提高管理者的素质，使他们了解内部控制的基本常识，改变陈旧观念，提高对内部控制建设重要性的认识，自觉强化"第一责任人"的责任感，重视内部控制制度的健全和人才队伍的建设，以打造良好的内部控制环境。其次，强化全员参与内部控制的意识。内部控制具有全面性和系统性，它不仅仅是财务部门的事，更需要全员参与，单位各部门要定岗定责，明确分工，坚持不相容职务的分离，共同承担内部控制责任，促进信息的及时沟通，真正使内部控制成为每一名干部职工的自觉行动，形成良好的内部控制氛围。再次，精简单位的机构，减少管理层次，加强组织机构中纵向横向的协调。最后，制定

统一的人力资源政策,实行科学的人力资源管理制度,确保员工具备和保持正直、诚实、公正、廉洁的品质和应有的专业胜任能力。

(二)建立健全高效风险评估机制

要想真正地使行政事业单位在一个稳定的环境中运行,就需要建立有关的制度来支撑。首先,要确定风险评估的体系,对行政事业单位的风险进行动态监控和评估。尤其在风险评估环节,行政事业单位主要负责资金投入、资产购置方面的内容,这样能够帮助行政事业单位更好地了解其生存状况、经营特点,为单位提供更加科学、合理的决策依据。要想实施风险评估,建设相应的风险评估机制是必不可少的。设置相应的岗位,更能够及时、有效、专业地处理相关的风险问题。建立风险评估机制,可以保障行政单位的内部管理活动,维护内部控制的有序进行。行政事业单位完善风险评估机制可以借助SWOT分析法来进行风险分析。这种方法以现代经济学为基础,注重公共部门和私营部门的管理方法的融合。所以,在内部控制当中,使用这种方法进行风险评估更有助于风险最小化。除此之外,需要注意行政事业单位的外部环境变化,例如社会意愿等,秉承事业单位的工作方针。行政事业单位要根据部门的偏好与特点,对收益与支出进行权衡,随时做好应对风险的准备。

(三)建立完善信息系统

行政事业单位必须结合自身实际建设适合本单位的信息系统工程,加强内部控制信息化管理,将电子信息治理与内部控制相结合,保证信息的搜集、存储、加工、输出和使用等各个环节的正常运行,使单位能够及时准确地获得有关信息,使单位得以实施在战略、运营和信息安全等方面的风险评估与控制,从而有效地实现本单位的管理目标。行政事业单位信息系统的设计应遵循以下原则:一是应确保单位的每个员工都明确自身的职责,单位内部的员工应该清楚地了解单位的内部控制制度,知道自身所承担的责任,并及时取得和交换他们在执行管理和控制单位经营过程中所需的资讯；二是信息系统应具备全方位的信息沟通渠道，不仅要有纵向沟通，还要有横向沟通；三是开发与引进先进的财务与内部控制等方面的管理软件，逐步利用信息技术建立高质量的信息沟通系统，满足单位日益增长的信息需求。

（四）采用适用的控制活动

各行政事业单位应结合经济活动的性质、范围、规模和内部控制的要求，明确各项经济活动的业务流程，明确流程中计划、审批、执行、监督等环节的要求，重点关注预算控制、收支控制、政府采购控制、资产控制、建设项目控制及合同控制等，做到各流程手续完备，相关文件、记录和凭证完整，以达到有效控制的目的。各单位还应当根据国家有关规定和单位的实际情况，建立健全预算编制、执行、分析、调整、决算编报、绩效评价等内部预算管理工作机制。

同时，各单位要严格执行"三重一大"等重大经济事项的集体决策制度，对大额资金使用、大宗设备采购、基本建设等重大经济事项的内部决策，由领导班子集体研究决定，任何个人不得单独进行决策或者擅自改变集体意见，以有效地监控行政事业单位的各项权力，最大限度地防止滥用权力等不良现象的发生。各单位还要有效提高资产使用率，完善资产管理体制，建立健全资产监管机制，力求在加强资产管理的基础上，促进行政事业单位内部控制的规范化发展。

（五）强化独立的评价与监督系统

内部控制的重要任务之一是保护企业资产安全、促进资产保值增值。单位负责人要充分认识内部会计控制在保护资产的安全与完整、防范欺诈和舞弊行为、实现单位经济目标等方面的重要性，积极采取有效措施。

因此，各行政事业单位应当建立健全内部监督制度，明确各相关部门或岗位在内部监督中的职责权限，规定内部监督的程序和要求，对内部控制系统的建立与运行情况进行内部监督检查和自我评价。在单位内部应建立一个相对独立的内部审计机构，保证内部审计的独立性和权威性，切实开展内部审计工作，使之不再流于形式。要正确认识内部审计的职能，内部审计人员的责任不再局限于监督单位的内部控制是否被执行，而是通过独立的检查和评价活动，针对内部控制的缺陷、管理的漏洞，提出切合实际的建议和措施，促进管理当局进一步改善经营管理，同时还应借助政府和社会的外部审计力量对内部控制进行双重监督。目前部分企业已相应建立了定期聘请注册会计师对内部控制制度予以评价的模式，行政事业单位也应借鉴这一先进经验，定期或不定期地聘请专业机构对内部控制系统进行评价，评估内部控制的有效性及其实施效果，及时发现和解决内部控制过程中出现的问题，保证内部控制目标的实现。

（六）实时动态监管

内部控制的有效执行仅靠各部门和相关人员的自主执行是不够的，内部控制常常会因为相关部门和相关人员的串通作弊或不作为而失效。因此，还需要建立健全监督机制，对内部控制运行质量不断进行评估，即对内部控制设计、运行及修整活动进行评价。这就要求不断改善内部控制活动，加强内部监督制约机制，最有效的手段就是开展内部控制审计。内部控制审计通过审查和评价内部控制的健全性和有效性、评价相关部门和人员执行内部控制制度的情况，监督其充分、有效地执行内部控制制度。

行政事业单位内部控制工作是一项复杂、系统的工作，这需要我们耐心、认真地去调整它，所以必须从建立有关的制度入手，完善制度建设，规划好工作的方向，落实责任，将整个框架处理到位。在工作人员的安排和处理上，注重对工作人员能力的提升，利用良好的人才引进和储备制度，构建内部控制人才优化体系。与此同时，构建良好的监督体系，更能够深化改革的成效。

第二节　基于财政专网的内部控制有效性的评价模式

上一节介绍了内部控制有效性的含义及其影响因素，本节具体介绍行政事业单位内部控制评价模式，以及基于财政专网的内部控制有效性的评价模式。

一、行政事业单位内部控制评价的含义

行政事业单位内部控制评价是指单位权力部门对单位内部控制的有效性进行合理评价，根据评价内容得出最终的评价结论，并以报告的形式展现。通过对行政事业单位内部控制的评价，可以更好地掌握内部控制体系设计的合理性和有效性。

（一）行政事业单位内部控制评价的原则

行政事业单位内部控制评价是错综复杂的系统工程，构建评价模式主要把握以下三个原则。

一是全面性。既要通过定量指标清晰地表述评价结果，又要通过定性分析补充单纯依靠数据无法全面反映的真实情况；既要结合企业内部控制评价理论体系、《行政事业单位内部控制规范（试行）》的要求及行政事业单位管理特点考量单位层面的控制成效，又要重点权衡以预算、收支、采购、合同、建设、资产管理为核心的经济业务层面控制的实施绩效。同时，借鉴COSO框架的内部控制理念，重点评价与考量内部控制环境、风险评估、控制活动、信息沟通和内部监督五个要素，因为这些控制要素与控制目标的实现密不可分。其中：内部控制环境评价是内部控制评价的基础；风险评估要素中的风险识别及风险影响程度的判断评价是确定控制关键点和控制方式的基础，在风险分析基础上的应对策略是决定控制程度和方法的直接依据；控制活动是风险应对策略的直接具体化内容；信息的收集、加工、传递能够确保及时发现和纠正内部控制偏差；内部监督机构的设置和运行是单位内部控制有效发挥作用的坚强保障。

二是动态化。把握评价重点的动态平衡，在对内部控制制度设计科学性和有效性进行评价的同时，对制度运行的效率与效果进行评价，也要考虑控制目标的实现程度。

三是可循环。内部控制评价模式的形成要从一个完整的评价周期进行考量，每个周期都包括评价前提、评价过程、评价结果、优化改进四个环节。但每个单位内部控制设计及运行有效性的水平是有差异的，因此要求评价周期必须是全面的、动态的和可循环的，只有这样，才能科学合理地反映不同评价周期中单位层面和业务层面控制初步建设、有效运行、持续提高直至完全达到内部控制目标的过程。

(二) 行政事业单位内部控制评价模式的现存问题

我国为了努力提升管理效率和服务水平，对行政事业单位管理改革也开始逐步借鉴企业管理经验，不断加强单位内部控制管理、完善内部控制制度建设、规范经济活动运行机制。充分学习和借鉴企业内部控制评价理论及实践研究成果，对开展行政事业单位内部控制评价模式研究具有重要意义。

目前，虽然还没有一种模式能够系统地解决行政事业单位内部控制评价的理论、技术以及应用问题，但很明显，内部控制评价的思路正在逐步地深化并越来越接近基层单位进行评价工作的实际需求。综合来看，现有的行政事业单位内部控制评价模式存在以下不足。

第一，现有行政事业单位内部控制评价研究基本采用静态的评价模式，更多地关注评价过程的具体组织实施，忽略了评价工作的系统流动性、同一评价周期不同环节以及不同评价周期之间所存在的动态循环性。

第二，在评价指标的设置思路上，或完全以《行政事业单位内部控制规范（试行）》作为制定依据，或囿于COSO内部控制基本要素的限制。并且，由于《行政事业单位内部控制规范（试行）》要求围绕单位经济活动全面开展单位层面及业务层面的控制活动，现有评价指标体系对行政事业单位内部控制目标的考核大多集中在"经济活动的合法合规性、资产的安全和使用有效、财务信息的真实完整、舞弊腐败的预防"四个目标上，而对于"提高公共服务效率效果"这一目标的考核指标适用性较差。因此，在内部控制评价结果的应用上，没有达到满足单位自身和外部利益相关者双重需要的目标。

第三，评价指标体系中大多数是定性指标或通过数学方法将定性结果转化为定量结果的指标，缺乏反映行政事业单位内部控制评价本质特征和目标要求的定性和定量相结合的指标。

第四，目前在行政事业单位内部控制评价工具方面，没有信息化技术手段作为有效支撑。

第五，绝大部分评价模式仅仅是理论上的探讨，无法利用公开的数据信息对行政事业单位内部控制状况进行测评，没有形成一个能有效指导行政事业单位内部控制评价工作的"评价模型—指标体系—信息化系统"一体化管理模式。

二、基于财政专网的内部控制有效性评价模式的产生

20世纪后期，随着全国各级财政部门信息化建设工作的深入开展，我国逐步铺设了以财政部门为核心、延伸至各基层预算单位和乡镇街道的光纤网络，形成财政部门与预算单位、乡镇街道之间的财政专网。

鉴于全国各地区在行政事业单位内部控制规范贯彻实施工作中具有"财政部统一工作要求、各级财政部门统一监管、财政专网统一软硬件基础设

施、各级行政事业单位统一接受评价"等方面的相同特性,构建行政事业单位内部控制评价模式,实现了行政事业单位内部控制自我评价和监管部门外部评价在内容标准、网络环境、评价报告、缺陷认定、改进监管、数据分析、资料保存等方面的平衡统一。依托财政专网应用支撑平台与其他业务应用系统进行数据衔接,实现了财政与预算单位之间、财政与银行之间的数据贯通,在报送报表、查阅账目、调用数据、沟通信息、情况交流、办公自动化等方面能够随时保持通畅。

(一)基于财政专网的内部控制有效性评价模式的适用范围

行政事业单位内部控制评价"全面动态循环评价模型—定性定量相结合指标体系—基于财政专网的评价信息化系统"一体化管理模式,能够满足单位内外部利益相关者的不同需求,既可用于单位自我评价,也适用于监管部门外部评价。

1. 单位内部自我评价

行政事业单位内部控制制度的建立、完善和执行既是外部监管的要求,更是单位加强管理的内在需求,是行政事业单位长期发展的战略选择。单位管理层不应为被动适应外部监管要求而使评价流于形式,而应主动将外部监管压力转化为内部发展动力,通过内部控制评价找出存在的管理缺陷并及时加以改进,从而将单位管理与内部控制有机结合,确保内部控制目标的实现。

2. 监管部门外部评价

财政、审计、纪检监察等监管部门应将单位内部控制建设情况纳入日常监管范围,对内部控制的建立和运行实施有效的外部监督。相关部门可以按照"选取试点、逐步扩面、总结经验、稳步推进"的原则,利用本书的指标体系,分步骤、分阶段地对内部控制进行全面评价,并根据评价结果确定监管重点。监管部门应加强调研、宣传和培训,及时了解并解决单位在内部控制评价过程中存在的困难和问题，修订监管法规中的有关规则，制订切实可行的实施方案，完善相关配套措施。同时，主管部门可以通过内部控制评价模式加强对所属二级单位的监管，借助统一的外部监管要求提升内部管理能力。

（二）基于财政专网的内部控制有效性评价模式的适用原则

行政事业单位内部控制评价模式的构建以财政专网为依托，通过信息化管理手段提高管理效率，对内部控制设计完整性和运行有效性、内部控制缺陷等评价结果自动统计及综合比对分析，并对内部控制缺陷改进情况进行动态循环追踪管理。离开基于财政专网的B/S版行政事业单位内部控制评价信息化系统这一技术保障，也可以采用C/S版内控评价信息化系统进行各个单位的单机安装运行，但地区性行政事业单位内部控制整体评价效率将受到较大影响。

（三）基于财政专网的内部控制有效性评价模式的应用流程

1. 计划阶段

计划阶段的具体工作包括建立评价小组、制订评价方案、进行评价培训三个步骤。

（1）建立评价小组

一是根据评价任务，确定评价所需人员数量以及经验技能要求。

二是建立评价小组。评价小组应当由内部控制管理相关领导和相关职能部门业务骨干组成，同时评价工作组成员应对本部门业务的内部控制评价工作予以回避。

（2）制订评价方案

确定内部控制评价的时间起始点，选取具体的评价单位作为评价对象，明确评价工作目标、工作内容、工作方式、实施步骤、完成时间，并进行职责分工。

（3）进行评价培训

对评价小组成员进行系统培训，令其熟悉指标体系、掌握评价方法和评价标准、熟练使用内部控制评价信息化系统。

2. 实施阶段

实施阶段的工作包括报告模板填写、现场评价打分和评价结果处理三个环节。

（1）报告模板填写

由于信息化系统预设了评价报告模板，其中有一部分项目需要进行先期填写，包括评价依据、评价期间、评价程序、评价方法、参加评价人员。

（2）现场评价打分

内部控制评价小组按照评价计划，通过审阅访谈、抽样检查、详细检查、观察等方式进行现场评价工作，对单位内部控制体系设计完整性和执行有效性进行评价。

一是与相关人员进行访谈并审阅文件，包括各部门的管理制度、责任书、文件及细则等，对照单位内部控制评价指标相关要求，判断单位是否存在重大内部控制缺陷，评估其相关文件是否满足控制要求、在多大程度上满足相关要求。

二是通过实地观察法、穿行测试法、重新执行法、证据检查法、访谈法、审阅法、抽样检查法、详细检查法、实地查验法等方法，对单位层面的控制指标和业务层面的控制指标按设计完整性和执行有效性逐一进行评价，对"是否"或"多段分层"进行选择式评价，对需要量化计算的指标按公式计算后填写评价结果。

行政事业单位自我评价时需根据每个指标的完成情况上传相关基础资料，作为该项评价指标完成情况的有效说明资料。相关部门进行外部评价时根据单位上传的基础资料和现场检查情况进行评价，对于与单位自我评价意见差异较大的指标，需结合单位提交的基础资料填写评价意见，便于双向沟通。

(3) 评价结果处理

评价结果处理主要包括以下两方面。

一是末级指标人工评价结果软件后台自动处理。应用软件将根据评价小组的选择式评价结果，按评价标准中事先确定的权重进行分值转换。

二是各级指标及综合评价结果按权重自动计算提取。采用层次分析法对一、二、三级指标赋权，并将权重分配方案预设到信息化系统中，当人工评价结果形成后，各级指标将根据所分配的权重自动计算相应评价分值。

(四) 基于财政专网的内部控制有效性评价模式的意义

1. 强化单位内部控制管理

各行政事业单位应根据监管部门外部评价的结果与自我评价逐一对照，根据评价报告显示的内部控制缺陷，有针对性地进行改进优化，提升单位经济活动管理水平。同时，对于有下属单位的一级行政事业单位，应要求二级单位按规定定期进行内部控制评价，并根据评价结果对所属单位加强管理，充分发挥主管部门职能作用。财政、审计、纪检监察等监管部门可以按全部单位、单位所属行业、单位性质等口径对不同单位之间的评价数据进行横向比较分析，对同一单位不同时期的评价结果进行纵向比较分析，对各单位内部控制有效性评价结果进行综合对比分析并按主要特征区分成不同等级后提出整体改进建议。充分利用评价数据，为行政事业单位提高其经济活动抗风险能力、监管部门强化各单位内部控制规范管理提供有效的决策依据。

2. 评价结果可用于单位绩效考评

内部控制体系建设实施是规范单位经济活动、提升单位管理水平、有效防范风险的重要举措。单位各级管理层均对建立健全内部控制体系负有相应职责，内部控制评价结果可以作为外部监管机构进行行政事业单位绩效管理公众评价的参考依据。

3. 评价结果可用于审计监督

行政事业单位需要接受来自社会各方的专项审计监督，不同的审计主体需要分别履行相应的审计程序，而单位内部控制测试是审计监督过程共同的关注点，也是不同审计监督主体所需要完成的共性工作。将内部控制评价工作与审计监督紧密结合，评价结果应用于审计监督业务，有利于丰富审计方法、拓宽审计范围、提高审计效率、强化审计质量，从而更加充分地发挥审计监督职能。

第三节 基于ANP-Fuzzy法的内部控制有效性的评价模式

目前我国各行政事业单位对内部控制的建设冷热不均，对《行政事业单位内部控制规范（试行）》的实施效果也存在着很大差异，存在着制度建设的形式主义、制度实施的内生动力不足等现象。只有加强对行政事业单位内部控制的监督与问责，才能改变现状。监督与问责离不开评价，然而当前对行政事业单位内部控制的评价无论是在组织重视上、评价主体独立性上、评价人员能力上还是评价方法上均存在不足和缺陷，尤其是评价方法比较简单，欠缺科学性。并且，我国针对行政事业单位内部控制评价的研究起步较晚，相关的研究成果较少。现有的内部控制评价方法主要是借鉴国外公共部门或企业的评价方法，主要有层次分析法、网络层次分析法、模糊综合评价法、德尔菲法等。

在行政事业单位内部控制评价方法的实践运用中，由于上述方法的知识含量较高、掌握难度较大，再加上评价成本高和可操作性不强，各单位在内部控制评价中更多地采用定性评价法和百分制打分法。定性评价法受限于评价者的主观判断，导致科学性与客观性不足，且不便于进行各单位之间的横向比较和本单位不同阶段之间的纵向比较。百分制打分法虽受限于各指标分值的科学性而导致客观性不足，但其通过"以评促建、以评促改"式的指导推动行政事业单位积极开展内部控制建设，具有一定的现实意义，如《财政部关于开展行政事业单位内部控制基础性评价工作的通知》中即采用了百分制打分法。在全国各行政事业单位内部控制建设工作步入正轨后，为满足各单位定期评价的需要，应寻找一种更加科学、客观、规范的内部控制评价方法，并通过开发行政事业单位内部控制评价软件系统来降低评价成本，增强其可操作性，这是政府部门、学术研究者和实践工作者的共同目标。

下文将网络层次分析法（ANP）和模糊综合评价法（Fuzzy）进行结合，避免各指标权重确定的主观性，解决定性指标的量化问题，克服层次分析法（AHP）割裂各指标间内在联系的缺陷，一定程度上提高了内部控制评价的科学性。

一、网络层次分析法

对行政事业单位内部控制评价的认识过程经历了由国外至国内、由浅至深的发展阶段。相较于国外，我国的行政事业单位内部控制评价工作起步较晚，国内学术界对其的研究尚处在初级阶段，目前国内学者对其重要意义已基本达成了共识，但在评价体系设计等方面不同学者有着不同的研究方向。

在评价方法的选择上，在早期的研究中多数学者选用层次分析法确定指标权重进而完成内部控制评价体系的构建，随着研究的不断深入，越来越多的学者认为行政事业单位内部控制评价指标中各个因素之间存在着相互影响和依赖的关系，选择使用网络层次分析法确定指标权重结合不同的评价方法完成内部控制评价。

(一) 网络层次分析法的含义

网络层次分析法（Analytic Network Process，ANP），是层次分析法（Analytic Hierarchy Process，AHP）演化而来的解决非独立网状层次问题的决策方法，主要用于解决内部结构中具有相互依赖和相互影响关系的决策问题。考虑到内部控制评价模型中各组成指标的层次结构及其相互之间的非独立性，可以使用网络层次分析法对构建的内部控制有效性评价体系中各指标权重进行计算。

网络层次分析法与层次分析法的区别在于，层次分析法的结构简单，整体呈现层次结构，而网络层次分析法的结构更为复杂，整体呈现网络结构。网络层次分析法在层次分析法的基础上考虑了系统层次和元素之间存在相互影响的关系，能够解决复杂问题。在确定指标权重方面，网络层次分析法运用超矩阵运算对存在相互关联和影响的元素关系进行综合分析。

ANP法克服了AHP法的缺陷，将系统内部各个元素的关系用一种网络结构的方式表现出来，使得结果更加有效。ANP法将系统分为控制层和网络层。控制层包括决策目标和决策准则，决策准则对上隶属于决策目标，对下控制着每个网络结构。网络层由相互依赖的元素组成，这些元素之间的关系既可以是元素集的内部依存，也可以是不同元素集之间的外部依存。

(二) 网络层次分析法的实施步骤

第一步，拆解问题。将问题分解为不同准则、元素，并判断元素之间是否独立以及是否存在相互依赖的关系。

第二步，构造ANP典型结构。以目标层和准则构造阶梯结构控制层，根据元素间的相互关系打造网络层。

第三步，构造超矩阵计算权重。（1）构造未加权超矩阵。各元素簇及各元素两两比较构造判断矩阵，网络层元素归一化排序向量组合形成未加权超矩阵。（2）构造加权超矩阵。未加权超矩阵归一化处理得到加权超矩阵。

(3)构造极限超矩阵。加权超矩阵稳定处理得到极限超矩阵,极限超矩阵满足极限值收敛且唯一、列向量相同时,极限超矩阵列向量代表元素权重。

Fuzzy 法是将元素属于集合的概念模糊化,通过模糊线性变换依次从指标的最低层向最高层进行综合评价,最后根据最大隶属度原则得到综合评价结果。在实际工作当中,许多现象并不一定都存在很确定的关系,而是介于"是"和"不是"之间。若要评价存在这些模糊因素的现象,就有必要采用 Fuzzy 法。

Fuzzy 法的基本操作步骤如下:

第一步,确定因素集和评判集。因素集 $U = \{U_1, U_2, \cdots, U_m\}$;评判集 $V = \{V_1, V_2, \cdots, V_m\}$。

第二步,确定权重。本书采用 ANP 法来确定各个指标的权重 W。其中 $W = \{W_1, W_2, \cdots, W_m\}$。

第三步,建立单因素评判矩阵,即建立一个从 U 到 V 的模糊映射。

第四步,综合评判。根据上述得到的权重和单因素评判矩阵,再通过模糊变换和归一化,便得到一级综合评价结果。

(三)网络层次分析法适用性分析

网络层次分析法能够体现相互不独立元素之间对核心决策的反馈作用,对复杂关系处理结果更加贴近实际。相较于层次分析法,网络层次分析法将判断矩阵处理转化为反映整体次序的超矩阵,表达出层次内部元素之间的依存关系和相互影响下对上层准则的反馈关系,适用于应对缺乏大量定量研究数据背景下的复杂关系评价工作。但网络层次分析法也因研究数据主观因素过多存在一定的不足,由于网络层次分析法研究过程缺乏统计数据支撑,研究结果受主观性影响较大,研究成果对专家水平要求较高。同时网络层次分析法往往面对的是多准则、多元素的决策类型,需要建立大量指标判断矩阵和进行复杂化的超矩阵计算,数据统计和运算工作量较大,网络层次分析法权重赋值计算过程较为复杂，实际应用中往往借助决策辅助软件计算。

二、模糊综合评价法

（一）模糊综合评价法的含义

模糊综合评价法（Fuzzy Comprehensive Evaluation，FCE）是利用模糊数学理论化定性评价为定量结果的综合评价方法。模糊综合评价法通过模糊关系矩阵计算将主观性较强的性质、状态评价内容加以数字化处理，对多层次的复杂内容进行综合评价。利用Fuzzy对经过ANP权重赋值后的问卷调查结果进行综合评价，使得评价结果能以数值评分的方式直观呈现。

（二）模糊综合评价法的实施步骤

1. 构建模糊综合评价指标

构建模糊综合评价指标体系是进行模糊综合评价的基础。模糊综合评价指标体系中的指标要充分反映评价对象的关键评价点，且选取的评价指标应与评价对象有足够的契合度，评价指标选取的准确性直接决定了最终的评价结果。因此，在评价指标选取和评价体系构建时，应当全面深入了解评价对象的行业背景并广泛关注评价对象的行业标准或国家政策法规。

2. 确定评价指标隶属度矩阵

建立评语集 V = $\{V_1, V_2, V_3, \cdots, V_n\}$，评语集中的元素即为针对评价指标所给出的评价标准。例如，设计评价标准共有五个等级，分别是"好""良好""一般""较差""差"，则对应评语集V中n=5，V_1、V_2、V_3、V_4、V_5分别对应五个评价的等级。将五个评价等级依次梯度赋分，依据专家打分法确定专家针对不同评价指标选择任一评价等级的人数比即为各个相对于每个评语的隶属度。

3. 进行模糊综合评价

根据各评价指标隶属度构建模糊评价矩阵，将模糊评价矩阵与某一指标在系统中的权重即获得指标的单因素评价向量，依次逆向计算后便能得到各指标的最终评价得分结果。综合评价是通过将若干评价指标按照某种特定的评价标准进行打分排序，按照最后的打分排序结果对评分最差对象进行综合分析。因此，通过将各个指标的得分进行统筹归纳整理，查看评价较低的评价项目，并对得分偏低的原因进行充分分析，通过这种方式找到问题的解决途径，最终实现评价的目的。

  模糊综合评价法起源于模糊数学理论，是一种有效的多因素非确定性问题解决办法，得益于能够将定性评价有效转化为定量评价的优点，模糊综合评价法逐渐在内部控制评价研究中被广泛应用，尤其是针对内部控制评价指标层次多、量化难的特点，模糊综合评价法能够系统得出评价指标的量化评分，为内部控制的建设和发展提供了不小的帮助。

第六章

行政事业单位内部控制的案例分析

第一节 政府内部控制建设与实施的案例分析

财务部门是负责政府行政机关财务管理的机构，它既和经济社会密切相连，又和人民群众的利益息息相关。本节选取 J 市财政局作为研究对象，分析它在内部控制建设过程中的具体做法和存在问题，并提出相应的对策。

一、J 市财政局的基本状况

（一）J 市财政局的基本职能

J 市财政局是市政府工作部门，为正处级。市财政局在履行职责过程中坚持和加强党对财政工作的集中统一领导，具体职责为：贯彻执行国家的财政、税收法律法规和政策；制定国库管理制度和国库集中收付制度；管理全市会计工作；负责管理市本级各项财政收支；起草全市财政、财务、会计管理、行政事业单位国有资产管理等方面的实施办法和有关制度，并监督执行。

局机关内设科室17个，下属单位6家，分别是非税收入管理局、国库集中支付核算中心、财政公共服务中心、政府投资项目服务中心、金财工程服务中心①、注册会计师服务中心。

（二）J市财政局组织框架

市财政局由局长主持市财政局全面工作，同时3名副局长负责分管具体科室，设置3名调研员协助局长工作，另外驻局纪检监察组组长主持驻局纪检监察组全面工作。

二、J市财政局内部控制建设

（一）控制环境

内部控制的环境是行政事业单位高质量实施内部控制的条件与基础，控制环境的内容一般是组织结构、组织文化、制度塑造、人力资源和组织政策等。

1. 组织结构

J市财政局实行"局党组会议—分管局党组成员—具体科室"的三级领导结构。局党组会议由6位局党组成员组成，包括1位局党组书记（局长）和5位局党组成员（包括3位副局长、1位驻局纪检监察组组长和1位四级调研员），负责全局领导、重大事项决策工作。6位党组成员负责分管科室和6家下属单位的领导、监督工作，17个业务科室和6家下属单位负责开展具体业务工作。

---

① 金财工程以大型信息网络为支撑，以细化的部门预算为基础，以所有财政收支全部进入国库单一账户为基本模式，以预算指标、用款计划和采购订单为预算执行的主要控制机制，以出纳环节高度集中并实现国库现金的有效调度为特征，详细记录每个用款单位每一笔财政资金收支的来龙去脉。

2. 制度建设

J市财政局制定《J市财政局内部控制基本制度》，加之2023年J市财政局规范完善了22条内控管理制度，为财政改革发展各项工作健康稳定运行提供了有力保障。J市财政局建立健全政府采购管理制度，出台了《J市财政局关于规范政府采购保证金管理的通知》《关于持续优化政府采购意向公开工作的通知》等文件。J市财政局按照《预算法》《会计法》《审计法》《财政检查工作办法》等有关法律法规，在做好全市行政事业单位财政政策执行、财务和会计监督的同时狠抓制度落实。

3. 人力资源建设

根据工作需要，J市财政局统筹规划单位内人力资源，在财政局内设置办公室，同时由副局长牵头负责，对单位内人力资源工作统一规划、统一管理。单位内的高度重视，有效促进了办公室工作的开展，目前已制定了多项政策，保障单位人力资源管理效果。

为了扎实推进政府会计准则制度和行政事业单位内部控制制度的有效落实，市财政局多次举办了全市政府会计准则制度暨行政事业单位内部控制培训班来提升财务科室的专业素养，加深其对内部控制工作的理解和规范。

（二）风险评估

根据COSO内部控制理论，风险评估的环节包括设定目标、找到风险点、评估风险程度、应对和管理风险。

在业务方面的风险，J市主要包括六项业务风险。一是预算业务控制，预算编制时是否充分考虑到各个预算业务控制业务科室的需求，在预算执行过程中，是否按照预算严格执行，是否随意追加预算。二是收支业务风险，财政局是否严格审核单据和印章的合法性、内容的真实性和完整性，支出业务的经费申请和适用是否经过了完整的审批手续。三是采购业务风险，是否按照"先预算、后计划、再采购"的工作流程，采购方式是否公开公平合理。四是资产控制，是否按照资产配置办法的规定购置固定资产。五是建设项目控制，作为财政局基本不涉及建设项目。六是合同控制，合同的签订是否经过论证与调查，合同执行是否严密。

（三）控制活动

控制活动主要指单位层面和业务层面的风险控制。

在单位层面建立起不相容岗位（职责）分离制度，但是尚未完全界定好所有不相容岗位，导致缺漏的存在。同时已建立起了初步的内部控制管理制度。同时加强干部队伍的建设，选优配强，在常态化考录招聘及补充空编人员时，倾向财经类专业人员，同时拓宽财政干部职位上升空间。强化学习，常态化组织乡镇财政干部培训，加强与县级财政部门的沟通，提升业务水平和依法理财能力。

在业务层面，J市财政局展开了一系列控制活动。

首先是预算层面，J市依法依规将年度预计取得所有来源的财政拨款、教育收费和单位自有资金等各项收入全部编入部门预算，未纳入预算的收入不得安排支出。除了谨慎编制预算和预算使用进行动态监控外，要及时做到经费预算公开。对于"三公"经费的支出，财政局要求"政府过紧日子，保证'三公'经费零增长"。

其次是收支业务控制。J市财政局收入主要由财政经费拨款和上级专项经费组成。财务科统一管理各项收入，及时记账。各项收入在使用时在用途、金额、适用范围等方面都应严格遵守国家法律法规的要求，专款专用。支出方面，积极开展财政支出项目绩效评价工作，发挥内部评比的激励作用，实现支出绩效增长。

财政局的采购控制严格履行《中华人民共和国政府采购法》。采购预算的编报及批复，按照"先预算—后计划—再采购"的工作流程，规范填报集中采购预算，编报并录入采购计划后，方可实施采购。J市财政局交易系统与预算管理一体化系统并网，实现采购预算电子化自动推送，提升资金结算便利性。在采购合同制定流程中，设立政府采购项目合同管理台账，安排专人在合同文本审核、合同签订、合同公告、合同备案及履约验收等环节进行全流程督导督办。在评标过程中，J市财政局全面推行评标（审）专家电子签章，实行评标报告无纸化制度，并推广使用交易平台评价功能体系。严格落实"一标一评制"，并对评标专家进行复核。据介绍，2023年上半年J市完成政府采购金额23.72亿元，节约资金2.67亿元。[①]

资产控制方面，财政局部门及其所属单位购置、建设、租用资产首先提出资产配置需求和理由，编制资产配置相关支出预算。从严落实"先预算后支出，无预算不支出"的要求，凡使用预算资金申请配置各类资产的，必须按要求编报新增资产配置预算，纳入部门预算统一管理，从源头上提高财政资金预算的科学性和精准性。对于资产存量较多、超标准配置的申请，一律不予批复资产配置预算，避免相互攀比。在资产购买审核时，凡使用预算资金配置各类资产，均按照部门预算编制要求严格执行部门预算、政府采购预算、资产配置预算三方联动审核机制，确保资产管理与预算管理、采购管理等相互衔接，着力提高预算管理综合效力。

最后是合同控制。财政局的合同签订需要严格按照合同签订标准进行，由办公室对合同的内容、形式进行审核，一般由主要负责人签署。签署后在省公共资源管理平台——"合同备案与验收"模块中落实合同备案。财政局建立合同管理日常监测机制，设立政府采购项目合同管理台账，安排专人负责合同文本的审核，及时跟踪合同签订、合同公告、合同备案、履约验收及合同款支付等情况，督促相关责任人按要求完成合同管理工作。

---

① 吉安打造政采营商环境新高地［EB/OL］.中国政府采购新闻网，2023-09-07.

(四) 信息和沟通

市财政局是市一级财政管理机构，处于整个财政管理系统的中间环节，作为行政管理的中间机构，既要向下传达上级的指示，也要向上传递基层财政局的信息，作为公共服务机构，既有日常信息的传递，也有突发信息的发布。信息传递与内外部沟通的重要性十分突出。

为打造适合自身条件的信息沟通机制，J市财政局已经做了一些基础性的工作，在财政系统内部建立了实时信息沟通网络、创建了本单位官方网站以便及时发布行业信息。此外，为加强财政信息系统管理内部控制，有效防控财政信息系统管理风险，提高财政信息系统建设与管理的规范性、科学性，加强信息化对财政业务管理的支撑与流程控制能力，根据《J市财政局内部控制基本制度（试行）》有关规定和本局信息化建设相关管理制度，J市财政局制定了《J市财政局信息系统管理风险内部控制办法（试行）》。①

在这里需要强调的是，市财政局的下属单位有金财工程服务中心，承担全市财政系统金财工程综合治税信息平台和网络建设等职责。而"金财工程"是带有"事前"控制机制的政府财政"资源型"管理系统，也是自动化程度较高、依"法"理财的系统。

(五) 内部监督与评价

J市财政部门根据财政部《财政部门内部监督检查办法》开展内部监督检查工作。检查人员主要由监督局、会计科、监察室及注册会计师管理中心人员组成，内部监督检查根据J市制订的《财政局年度内部监督检查计划》对内部职能科室计划检查年度的经办业务情况及以上各科室负责人轮岗交接等相关情况。

---

① 制定信息系统管理风险内部控制办法加强资金监管 [EB/OL]. 吉安市财政局网，2018-06-08.

三、J市财政局内部控制问题剖析

（一）内部控制环境方面

1. 内部控制制度不生动

J市财政局在内部控制方面，已经建立了比较完整的内部控制制度体系，但是由于没有结合实际的工作情况，而是大部分依据财政部的有关政策文件来制定，生搬硬套不符合自身条件的制度，导致现有的内部控制制度各个环节比较形式化，实施过程中极易暴露操作性不强等缺陷，需要根据本单位的实际情况健全和完善相关的内部控制制度。

2. 授权控制不科学

J市财政局业务处室的业务流程授权审批存在不合理的现象，没有做到不相容岗位业务相分离。部分业务处室的经办人员既是预算指标系统的管理员，又是预算支付系统的管理员，没有按照业务特征、管理级别以及工作需求对被授权人进行分级分岗授权，也没有对授权执行的情况进行持续监控、定期评估和及时调整，容易出现挪用预算资金、以权谋私、权力寻租等违法乱纪行为，不利于财政干部廉政安全。

（二）风险评估方面

J市财政局在风险评估工作中主要存在以下几方面的问题：

一是风险识别组织不健全。J市财政局缺少专业的风险识别机构，主要由财政局和分管领导关注识别风险，忽视对于外部专业风险机构的使用，这就导致风险评估流于形式、缺乏全局意识。因很多工作人员并不很了解风险评估方面的知识，只能按照自身经验来开展工作，所以很难精准地判断风险。

二是风险防控宣传力度不足。J市财政局没有做到对于选定的风险管理兼职人员定期开展风险防控培训，导致风险防控环节存在短板，管理人员缺乏风险防控和管理意识。

（三）控制活动方面

1. 预算控制

首先是预算编制不合理。现阶段，J市财政局应用的还是增量预算法，也就是基于历年支出数，然后适当增长，从而完成预算编制，缺乏科学性和合理性。同时，在"三公"经费的编制中，在减少预算数额方面缺少对于市场经济浮动情况下物价变化的考量，在此因素上继续压缩经费并不科学。

2. 收支业务

J市财政局对于收支报告的编写重视度不够。财政局并未做业务收支分析，即使拥有财政局决算报告，也仅仅是使用资金的简单相加，尚未发挥出预算支出和实际支出的对比效应来实现收支管理。

3. 采购活动

J市在采购活动方面表现较好，既按照规定规范各种采购流程、采购物资数量和金额有验收小组的验收，同时通过信息管理系统进行网络备案，极大地方便了信息资源共享，提高了采购档案管理效率。

4. 资产管理

一是对资产管理的认识不够。首先，各部门缺乏从事资产管理业务的专业人员。受人员编制等客观因素的影响，缺乏资产管理能力较强的人才，尤其是财务管理、会计行业的人员不多，导致管理效率难以提升。而且，很多部门在工作中不够重视对国有资产的保护，而是认为应当将重心放在公共服务提质方面，从而导致不平衡的预算管理和损失的发生。

同时在固定资产管理方面存在一些具体问题：半年清查工作不细致，办公室负责进行盘点，但存在人手不足、抓大放小（对低值易耗品不重视）的状况；发生盘亏的情况，也有责任认定不清或不认定责任直接冲减账目的情况。

（四）信息和沟通方面

内部信息系统建立完善，但是在信息共享方面存在信息不对称情况。由于J市财政局各个业务处室之间的工作比较独立，但大多数业务需要不同处室的合作来完成，由于信息保密规定，不少信息都无法得到及时共享，只有通过领导批准才可以共享部门信息，但是在共享期间如果业务工作出现新的变化，又需要重新进行请示汇报，从而造成信息滞后、信息不准确、信息严重不对称等结果，容易出现财政干部挪用财政资金等舞弊现象。

（五）内部监督与评价

1. 内部监督机构不健全

J市财政局尚未建立专门的内部监督评价机构。内部审计工作设置在办公室财务科，财务科的工作人员虽然都具备了一定的会计能力，但是由于内部审计作为财务科的职责之一，缺少专业的审计机构，审计独立性较弱，导致内部审计不够权威。内部监督评价工作设置在监督检查处，但具体执行工作的人员业务知识不够扎实、对现行法律规定不够熟悉、内部控制意识不强，内部监督评价工作无法正常开展，从而无法真正地起到监督作用。

2. 内部监督规章不健全，未全面明确党组会议、纪检部门、内审部门在内部监督中的职责权限，使得内部监督工作开展不力，监督效果较差。

四、J市财政局内部控制系统完善建议

（一）内部控制环境优化

内部环境决定了内部控制的基调，是政府部门建立和实施内部控制的基础。下面，将对制度建设和人力资源政策提出建设与制定建议。

首先，J市要建立具体细致、贴合实际的内部控制制度。政府部门内部控制的基本框架和建设应遵循"1+N"的模式，先完善政府部门内部控制的

基本框架，然后分领域、分行业、分部门研究制定具体框架并分别实施。①根据实际情况，顶层设计内部控制基本制度，科学制定符合本单位实际的内部控制方法和操作规程。深入梳理财政重点业务领域的主要流程，分析存在的廉政风险和业务风险，厘清职责内容，按照分权、分岗、分级授权的要求，综合运用不相容的岗位分离控制和授权控制，有效防控风险。

其次，J市财政局要构建严格的授权审批制度。授权审批要根据常规授权和特别授权的规定，明确各岗位办理业务和事项的权限范围、审批程序和相应责任。各处室、各单位要根据其职责制订具体的授权方案，根据财政业务、财政管理、组织机构等的风险状况和发展变化，认真选出被授权的人员，授予相应的权限，且定期进行调整与完善，定期展开评估工作。另外，J市财政局建立"三重一大"事项决策审批机制，强化集体决策。对重大决策、重大事项、重要人事任免及大额资金支付业务要进行集体审慎决策。

最后，要培养全体财政局员工的内部控制意识和全员参与意识。除了目前的专业知识培训班等知识提升培训外，还可以邀请相关领域的专家学者如高校内的内部控制讲师，或者分享其他单位的内部控制先进案例，通过培训形式的丰富来调动内部人员的积极性。同时，内部也可以召开一些内部控制知识竞赛或者演讲活动，让内部工作人员亲身参与知识分享，将吸收的知识通过自身的影响力扩散给身边的同事，久而久之在单位内部形成内部控制学习的习惯和氛围。

(二) 风险评估优化

一是制定风险评估制度。应当成立风险评估工作小组或者通过购买外部风险评估服务来对单位存在的风险进行筛选和评估。同时，J市财务科要制定相关的风险评估制度，建立定期的风险评估机制，全面、系统、客观地评

---

① 柳光强，周易思弘，陈宸. 政府部门内部控制的实施路径探讨 [J]. 财政监督，2016 (23)：11-13.

估经济活动中的风险。并且为了适应风险的时效性强等特征，此项活动每年需要进行一次以上，当经济活动出现重大变化的时候，应当重新评估经济活动的风险。最终形成的风险评估报告应当再次呈送给内部控制领导小组和管理小组，根据风险变化形式重新调整风险控制活动。

（三）控制活动改善

首先是预算编制活动优化。针对前文提到的预算编制中的增量预算法，财政局应该改用"零基预算法"，不考虑上年的预算数据，而是根据本年度的重点任务和目标来精准计算各项支出，具体分配预算金额，做到资金使用效率最大化。同时对于需要控制的预算支出，应当考虑市场价格涨跌等因素，留下适当的可控区间。

其次是针对收支业务分析不到位等问题，J市财政局应在现有的收支业务报告中增加预算收支和实际收支的对比环节，主动向公众公布本财政局全年的收支业务报告。

最后是资产管理的改进。一是要增强国有资产保护意识。对于财政局只关注公共服务的提供忽略国有资产的保护问题，J市财政局要从领导层面明确资产的权责，最大限度地承担起维护国有资产的责任。领导要定期组织开展国有资产培训来提高全体人员对于国有资产的管理能力。二是要落实资产管理的岗位负责制。要科学设置岗位，试行章印分离制度。在单位内部设置专属的资产管理岗位，管理人应对于资产的报废和采购工作全权负责，防止资产流失，提高资产使用效率，同时对已经散落到各个部门的资产，凡是分配给个人使用的，原则上由使用人对资产的完整安全全权负责。三是要在招聘过程中，把好入口关，引进专业的资产管理人才。

（四）信息和沟通

信息和沟通能够提升政府部门内部控制的效率和效果，为内部控制的有效运行提供可靠保证。

首先，J市财政局要建立内部控制报告制度。内部报告是指政府部门为满足领导层的决策需要而编制的反映政府部门财务状况、资金使用情况和运行管理状况的信息文件，是向上信息沟通的途径之一。J市财政局可以参考《行政事业单位内部控制报告管理制度（试行）》，根据本局实际情况编写内部控制报告管理制度，以便于将报告信息转化为符合内部管理需求的信息来提高信息沟通的效率和效果。

其次，要简化信息交流程序，促进信息共通共享。部门之间沟通需要领导部门进行审批，严重阻碍了信息的及时共通共享，导致信息沟通具有时间上的滞后性。J市财政局可以完善信息沟通规章制度，重点明确信息共享的程度，对于可以部门之间共享的文件取消领导审批制，同时重点明确信息沟通岗位责任人的权责以及奖惩措施。

（五）内部监督完善

1. 完善内部审计体制，提高内部审计独立性

J市财政局可以建立直接隶属于局党组会议的审计委员会，将内部审计职能从财务科脱离出来，在审计委员会之下设置独立内部审计部门，并配备专职的、具备专业能力的内部审计人员。

2. 制定内部监督与评价制度，保障内部监督常态化

制度是根本性的、稳定的、长期的问题。目前J市财政局首先需要建立健全整体性层面的公平有效的内部监督和评价制度，实现整个部门的内部控制监督有据可依。具体的制度制定可以征询外部专家团队的建议或者聘请专业的、经验丰富的领导来保证制度的权威性，再结合自身财政局的实际情况制定细则，以此为指南来推进内部监督常态化。

其次在全局性的制度初步建设完成之后，财政局还要对不同业务的监督评价制定相应的规程规范，同时要照顾到监督范围的全面性，除了常规的重要性较高的预算、采购、资金等，对于日常性的活动也要兼顾。

最后要保证内部监督与评价制度的权威性,将财政局的不同等级、不同身份的人员都平等地置于制度的约束之下。同时,财政局要赋予监督和评价人员足够的行政权力来保证其工作的正常开展,不会因"人情"或者"特权"等原因干扰到监督与评价的客观性。

3. 建立内部控制绩效考核制度

建立公平有效的监督与评价机制后,还应该建立起与内部考评相挂钩的绩效考核制度。绩效考核的重点是全面、客观、公正、准确地考核领导干部的政治业务素质和履行职责的情况,加强对领导干部的管理与监督、激励与约束。财政局应对内部控制工作中实施到位的部门和义务履行得当的人员予以表彰或者奖励,并于绩效考核后和职位晋升相挂钩,同时对于履行不当的人员和部门进行追责和通报批评。

第二节 高校内部控制建设与实施的案例分析

教育是国计,也是民生。进入 21 世纪之后,教育迎来了蓬勃发展的时代。随着高校规模的不断扩大,教育经费不断攀升,其内部控制的难度也随之增大。加上信息网络技术的发展和适用,内部控制变得愈加紧迫和必要。高校要顺应时代的发展,将内部控制作为强基固本、防范风险和提升效率的途径,要充分意识到内部控制并非仅仅是对本校的约束,更是学校建设的重要基础和有力保障。

本节选取 S 大学内部控制体系的建设过程作为案例,运用 COSO 内部控制五要素来分析 S 大学内部控制建设与实施过程中的举措,希望所得到的宝贵经验能够给其他高校带去一些启示。

一、S大学内部控制现状分析

（一）S大学高校概况

1. S大学简介

S大学是S市市属的综合性研究大学，是国家"211工程"重点建设高校，现设有32个学院，101个本科专业。官网数据显示，学生总数有5万余人（包括预科生和成人教育）。

2. S大学组织机构

S大学的组织机构是在党委领导下的校长负责制，其中党委书记负责党务相关工作，校长负责行政工作。S大学组织结构主要由四部分组成，分别是党群部门、行政部门、直属单位和经营性单位。党群部门主要包括党政办公室、纪检监察办公室、学生工作办公室和团委等15个部门；行政部门主要包括科研管理部、审计处、组织与人事部、教务处、发展规划处等16个部门；直属单位主要包括上海经济管理中心、上海研究院、图书馆和博物馆等9个单位；经营性单位有资产经营公司、出版社有限公司、S大学乐乎楼集团和S大学后勤集团。

根据调查，S大学内部控制已成立内部控制建设领导小组、内部控制工作小组、内部控制专家小组，由上述三个小组负责开展内部控制工作。其中内部控制工作小组由审计处、财务处、信息处等部门组成来支撑内部控制工作。

（二）S大学内部控制的总体概况

S大学内部控制体系建设是学习贯彻十九届四中全会精神、落实S市领导对其做出"S大学要在完善大学治理体系上有更大作为"指示的一项重要举措。建设一流内部控制体系是S大"追卓越、创一流"的前提，为了达成这一目标，S大学对自身系统做出梳理，明确风险，致力于内部控制的全面升级。

　　内部控制建设在S大学受到了非常高的重视，S大学成立了由党委书记和校长担任双组长的内部控制领导小组，成立了由党委副书记和总会计师担任双组长的内部控制工作小组，为内部控制建设提供坚强有力的组织保障。学校多次召开内部控制工作小组会议，党委书记和校长高度重视、亲自部署、密切关注。S大学内部控制体系的建设和实施有效地确保了各经济活动的合法合规性，保障了资金的安全性，提升了经济活动运行管理的效率，保证了资产和财务信息的真实完整性，推动了高校的健康可持续发展。

　　S大学的内部控制体系建设工作大致可以分为三个阶段：准备阶段、体系建设阶段和运行改进阶段。

　　1. 准备阶段

　　2020年2月28日，S大学召开内部控制体系建设研讨会，本次会议由安永会计师事务所和S大学审计处、管理学院老师共同参与，与会人员在内部控制建设方面达成共识。希望在本次合作中可以做到通力合作、加强沟通、准确高效，能够建立有效且具有标杆性的内部控制体系，实现共赢。后续陆续召开了内部控制建设二次会议、建设方案研讨会、内部控制建设工作推进会和专家小组讨论会，完成了前期的建设方案确定和专家意见征询，S大学内部控制体系建设启动会成功召开。

　　2020年5月21日，S大学召开内部控制体系建设启动会。在启动会中，校党委书记对内部控制体系建设工作提出了四点要求：一是统一思想认识，明确内部控制建设意义，切实完善大学治理体系；二是提高政治站位，加强组织领导，将内部控制体系建设作为重要政治任务抓实抓细抓好；三是坚持目标导向，提升师生获得感，建设"全国一流、上大特色"的内部控制体系；四是加强部门协同、强化督促检查、加大成果运用，形成推进大学治理体系与治理能力现代化的强大合力。①

2. 体系建设阶段

（1）S大学内部控制环境建设

根据《中华人民共和国会计法》《行政事业单位内部控制规范（试行）》等法律法规和有关规定，特制定《S大学内部控制手册》和一系列内部控制制度。与此同时，学校注重内部控制制度的推广和应用，号召各二级单位紧密围绕内部控制核心模块夯实基础，稳步推进内部控制各项工作，为各学院的内部控制建设积累了有益经验。

（2）S大学内部控制风险评估

风险是指潜在事项发生对目标实现的影响，经济活动的风险一般是指经济活动的实际结果与内部控制目标的差异程度。内部控制建设离不开风险评估。了解本单位的薄弱之处，才能够做到有针对性地解决问题，扼杀风险苗头。

①目标设定

学校的各项经济活动的控制目标是夯实学校治理体系与治理能力现代化的基础，进而实现全面防控风险、全面提升绩效。具体是指经济活动合法合规、资产安全和服务有效、财务信息真实完整、防范舞弊和预防腐败、提高各项管理服务的效率和效果等。S大学的内部控制体系建设目标不局限于经济活动，还包括管理和文化目标，如"完善本单位经济业务活动决策、执行、监督的管理机制"，"形成本单位良好的内部控制文化体系"。

②单位层次风险界定

根据安永会计师事务所对该校进行的评估，S大学所应对的风险有违法违规风险，如学校的各项经济活动缺少必要的内部控制制度保证，从而使得

---

① 循序渐进、抓铁有痕：上海大学召开内部控制体系建设启动会[EB/OL]. 上海大学新闻网，2020-05-22.

相关经济活动存在违法违规风险；监管缺位风险，如因管理和制度上的原因，造成对学校各项经济活动的监督不到位，可能存在营私舞弊和腐败等方面的风险；法律风险，如因经济业务活动而可能引发涉及学校的涉法涉诉方面的法律风险，以及后续引发的学校信誉方面的诚信风险。

③业务层次风险界定

S大学业务层次风险点包括：预算业务风险，预算编制是否与其余部门之间沟通互动顺利；收支业务风险，收支业务是否受到统一管理和监控、收支票据管理审核是否严格、支出是否符合正当程序或超出规定范围；采购和政府财务业务风险，是否编制采购预算、招标方式是否规范及公平、采购验收是否规范等；资产业务风险，货币管理是否到位、资产登记是否保管妥当等；建设项目风险、投标与招标是否公开、建设是否合规等；合同控制，合同签订是否经过论证与调查、合同执行是否严密。同时S大学作为科研机构，还面临科研风险，科研经费是否管理得当、科研内容是否安全保密等。

(3) S大学针对各项风险所进行的控制活动

①预算业务控制

预算编制。S大学各二级学院在预算年度上结合上年度预算执行情况，在财务处的指导下编制各部门的收入和支出预算，经由财务处汇总复核后形成次年度部门预算（一"上"草案）。财务处根据财政主管部门下达的预算控制数，编制学校正式预算（二"上"预算）。正式预算经批复后，财务处及时将预算信息通报各学院，并下达预算核定通知书。

预算执行。落实预算执行进度责任制，明确规定各类经费由哪个部门负责具体落实。明确预算执行方式，分为直接执行、依申请执行、政府采购执行。另外对于预算执行申请进行审核，超出预算指标的部门应先申请增加预算再提出申请。财务处和二级学院需要对预算执行情况进行监督。

预算调整。落实预算责任，加强部门间沟通协调，加强监督检查。

决算及绩效管理。落实岗位责任制，建立培训工作培训机制，加强决算数据分析和运用，加强监督检查。

②收支业务控制

支出业务控制。S大学支出业务分为项目支出和基本支出，基本支出分为人员经费支出和公用经费支出。其中人员经费需要人事处提供相关人员的财政工资、绩效工资并进行核定后，财务处再以此数据发放薪酬。而公用经费中最关键的环节涉及业务报销，S大学需要根据实际发生的事项取得相关原始凭证和资料，由经办人填写报销单据，经过双重审核（一是部门主要负责人审核，二是归口部门财务处审核）。财务处会计岗位对原始凭证进行审核，接受合法真实的原始凭证后进行支付。出纳凭借相关凭证登记记账。

③采购和政府采购业务控制

S大学在采购前需要根据业务需要提出采购需求报给财务处，财务处审核采购预算。信息化设备的采购还应由信息化工作办公室审核。采购业务分为货物采购、购置服务、购置工程。采购实施需要按照不同的采购类型实施，分别为集中采购和分散采购两种。就集中采购而言，需要确定社会采购代理机构、确定采购方式。若需要申请采购方式变更，属于未经公开招标而直接申请变更采购方式的，由实验设备处会同财务处提出采购变更方式意见，上报分管校长审批。经领导审批后，由财务处上报财政主管部门批准后会同实验设备处实施采购。若属于达到公开招标数额标准的服务采购项目，公开招标失败后申请变更采购方式的，如公开招标发生流标的，由实验设备处会同财务处组织从政府采购专家库中抽取相关专家组，请专家对招标文件中是否有不合理条款进行评审，经专家评审后，由实验设备处和财务处报分管校长审核同意后，由财务处将采购方式调整意见上报财政主管部门审批，经财政主管部门审批后，由实验设备处按审批同意后的采购方式组织实施采购。

④资产业务控制

S大学全面调查在用资产并定期进行资产盘点登记。资产归口管理部门按照年度集中采购范围和限购标准，分别采取不同的采购方式进行采购。学校明确了存货发出和领用的审批权限，资产管理部门根据审批的通知单发出货物。资产内部调拨，需要填写内部调拨单，资产出借需要履行报批手续。若面对资产处置，需由资产使用部门提出资产处置申请，后经资产使用部门资产管理员对其进行审核，报部门分管领导审阅。

⑤建设项目控制

S大学建设项目控制分为三个阶段：事前控制、事中控制和事后控制。首先，在建设项目开始前需要编制可行性调研报告和总投资预算，确定设计方案，项目招标阶段保证以公平、公开、公正的方式确定可靠承包商。其次，在事中控制阶段主要负责招标开展工作。S大学根据招标策划确定总包及各专业分包、设备、材料采购招标，后S大学将竞标价和对应控制目标进行纠差之后确定合同价格。最后，在事后控制阶段，S大学全过程动态控制造价，防范投资预警，在竣工之后进行项目结算并完成审计工作。

⑥合同控制

党政办公室合同业务的归口管理部门负责对本单位各类合同进行合法性审核和检查监督。合同的订立需要确定合同意愿，并对拟签约对象进行资信调查。合同起草之后需要填写《合同（协议）签订审批表》，采取三级审核制度，即承办部门合同主管一级审核—业务部门主管职能部门二级审核—法律事务办公室三级审核。审核通过之后，需要进行合同签订，S大学校长为学校合同的法定签署人，他也可以授权委托他人签署合同。合同签署之后需要进行合同登记、备案和归档，将合同等相关信息记录于合同专用登记簿，对合同正式签订文本予以备案，并进行归档。后续关注合同履行情况，履行完毕后及时总结归档。

⑦科研项目控制

S大学建立有完善的科研项目管理制度，严格遵守国家及相关部委对科研项目的管理规章制度，并制定相应的执行措施保障。同时明确创新管理部的管理职责，明确各参与处室和人员的职责，规范科研合同招投标行为，规范项目验收程序。

（4）信息和沟通

S大学的信息与沟通分为两个部分，即内部沟通和外部沟通。其中内部沟通渠道主要是各科室之间的内部交流，包括办公电话通知、微信工作群下发通知、邮件发放、下发纸质通知书、召开职工大会等形式。

为了巩固内部控制工作成果，内部控制建设与学校"一网通办"工作紧密结合、协同推进。例如，采招办为加强内部控制信息化管理，推出了"智能快速采购系统"；财务处为加强内部控制信息化管理，对"财务预警信息化系统"进行升级；科研管理部推进科研统一信息化大平台建设，实现科研项目全生命周期管理，支持数据分析挖掘和决策支持；组织人事部推进面向教师绩效改革的信息化智能管理平台建设。

（5）监督与评价

在S大学的内部控制体系中，监督方面主要关涉内部审计问题，每年召开年度经济责任审计会，要求被审计领导干部提供审前调查材料并认真撰写述职报告。同时要求财务、审计、纪检监察等相关部门联动。审计处将经济责任审计工作和内部控制工作进行了联动，梳理并形成了负面清单的通用模板等。

除了外部监督外，S大学还启动了各单位自我监督，要求各单位（部门）完成《内部控制评价要素评分表》，基于自我评价结果，各部门明确自身下一年度的内部控制建立与实施的重点工作和改进方向，并采取措施进一步提升内部控制水平和效果。

3. S大学内部控制成果

经过三年的努力,具有S大学特色的内部控制建设思路"五个一"(一套系统健全的内部控制治理架构、一套简明完善的制度体系、一套高效规范的业务流程、一套实用有效的风险应对机制、一套科学合理的评估和改进机制)逐步落地生根、深入人心,核心业务流程逐步优化,风险防控机制初步形成。在学校层面,2021年、2022年在原有内部控制工作基础上继续迭代升级;在二级单位层面,2021年全面推进内部控制建设并向纵深发展,为全面推进内部控制建设提供了良好基础。经过全校共同努力,S大学在S市财政局组织的"内部控制工作评价"中连续三年获得"优秀",S大学内部控制建设工作获得S市高等学校依法治校创建成果一等奖。[1]

二、S大学内部控制可借鉴之处

(一) 内部控制环境

1. 内控政治站位提高,领导充分重视

由于在行政事业单位内部控制缺乏内在动力,其内部控制建设更要依靠领导者的自觉意识。从本质上来说,内部控制就是"一把手"工程,要实现全员参与,就必须由单位"一把手"挂帅,而不是仅仅依赖财务处和审计部门。

S大学建立了内部控制组织,成立了校长和校党委书记双组长领导的内部控制领导小组,与由副党委书记和总会计师担任双组长的内部控制工作小组。只有全员参与,内部控制体系建设才能够"活起来"。S大学的校领导给予内部控制建设充分重视,才能够推动体系建成,这在很大程度上决定了S大学内部控制建设的成功。

---

[1] 上海大学召开2022年内部控制建设工作推进会[EB/OL].上海大学官网,2022-11-17.

2. 巧借外脑评估，专家小组保障

2020年是S大学内部控制建设的启动年，当时面临会计基础工作薄弱、财会管理措施不到位、流程控制不规范等问题。S大学主动寻求第三方咨询机构的帮助，希望能够帮助S大学梳理现有制度、优化流程、排摸风险、整改完善。2021年，安永（中国）驻场S大学财务处对财务处的基本状况做了初步了解，对基本风险点进行了摸排。利用购买第三方咨询服务助力内部控制制度建设，同时以更客观的角度来审视当前学校可能存在的风险并提出解决对策。

同时，由于校内人员对S大学制度、流程等具有相当的熟悉度，学校还成立了内部控制建设专家小组。专家小组由学校内部控制理论领域的教授、具有财务审计经验的教师等组成。专家小组的主要职责是借鉴国内外一流高校经验，结合S大学实际，为内部控制建设提供咨询服务。

校内专家小组和校外咨询机构形成合力，既使得内部控制建设符合学校实际，也显示出更高的专业性。

3. 权责分配得宜，归口管理得当

S大学内部建设明确了单位层次和各业务层次的不相容岗位，并切实做到不相容岗位相分离。另外，其明确各部门如实验设备处、组织人事处的职责权限、任职条件和工作要求。在涉及业务管理的不同领域，能够分工负责，防止重复管理、多头管理，达到降低管理成本、提升管理效率的作用。

4. 加强内部控制培训，增进文化认知

为增强广大教师的内部控制意识，S大学针对部处、院系负责人及内部控制联络人开展"院系、部处内部控制体系建设探索与实践""内部控制建设制度梳理与风险排摸"等专题培训。此外，还通过部处及院系中心组学习、二级单位办公室主任例会、学校纪检员培训会议等平台进行内部控制知识培训，探讨一流内部控制建设"是什么、为什么、谁来做、如何做"等

问题。

(二)风险评估——定期梳理、及时汇报

自 2020 年 5 月 21 日召开内部控制体系启动会议以来,安永咨询公司进行了两轮风险评估工作,截至 2020 年年底,S 大学梳理一级风险 15 项、二级风险 53 项,编制风险数据库,形成风险评估报告。在流程梳理方面,梳理流程 84 项、流程层面风险 286 项,在此基础上,编制了流程管理手册、管理建议报告。日常情况下,S 大学每年对经济风险进行一次评估后,及时以书面报告的形式向领导汇报并留存。

(三)控制活动——规范有效、有章可循

S 大学制定了专项内部控制办法——《S 大学内部控制手册》(下称内控手册)。内控手册对重点业务和关键环节分别绘制了流程图,加强流程控制。此外,内控手册明确了内部控制的规章制度,将其分为单位层面、业务层面和内部监督层面。内控手册还注明了各项业务的具体概念、控制要求、主要控制环节和关键岗位、业务流程和主要控制措施。

内控手册全方位、全流程地介绍了 S 大学内部控制的规范和措施,通过加大制度建设和执行力度,真正做到用制度管权、管事、管人,不断提高管理工作的规范化、制度化和科学化。

(四)信息和沟通——数据大平台、信息化便捷

财务处员工秉持"数据多跑路、师生少跑腿"的工作理念,依托信息化专业公司,先后开发了基于用户体验的信息化服务功能,例如,经费查询、酬金发放申报、银行卡变更、网上预约、银行到账查询、银行付款回单查询、网上报销、网上报销及薪资申报升级版、教委专项申报、横向科研项目及入账管理等。

打破"信息孤岛",实现"数出一门",建立预算管理精细化、报销便捷流程化、资产管理一体化、学生收费信息化、财务查询方便化的财务信息化

大平台。通过预算管理系统、智能报账系统、资产管理平台、第三方收费平台、信息门户网五大平台的互联互通，实现从数据共享到一网通办。

（五）监督与评价——专业内审护航、发挥内外监督合力

一是S大学审计处由专业审计资格人员组成，是独立的内部审计部门。审计人员素养的提升有利于监督效果优化。审计处负责领导的经济责任审计，将离任审计改为任中审计，这样可以监督关口前移，及时发现领导干部履职过程中存在的问题，有效发挥监督作用。

二是加强财政、税务、审计等部门的合作，形成有力的监督合力，充分发挥审计机关、社会审计机构的权威性的监督作用。依靠审计机关定期或不定期对行政事业单位内部会计控制制度进行评价，以杜绝单位负责人滥用职权所造成的内部会计控制制度形同虚设的现象发生。

S大学作为高校内部控制建设的一个缩影，始于单位领导重视和推动，过程中秉持关口前移、归口管理、权责制衡的基本理念，以信息化为手段，为我们树立了高校内部控制建设的榜样。同时，我们也要明白内部控制不仅需要内部规范性，更应该发挥好外部监管力量的作用，内外监督双到位才能促进高校内部控制更快更好地发展。

第三节　医院内部控制建设与实施的案例分析

公立医院的单位性质是事业属性。与企业相比，公立医院需要承担基础医疗的职能，提供的医疗服务具有公益性。但与此同时，公立医院也具有生产经营职能，有营利性质。正因为公立医院的内部控制建设有别于高校，所以在此笔者将展开论述公立医院的内部控制建设。

为了全面推进公立医院内部控制建设、防范和管控内部运营风险，国家

卫生健康委和国家中医药管理局制定《公立医院内部控制管理办法》，并于2021年1月1日起实行。

《公立医院内部控制管理办法》中的内部控制，是指在坚持公益性原则的前提下，为了实现合法合规、风险可控、高质高效和可持续发展的运营目标，医院内部建立的一种相互制约、相互监督的业务组织形式和职责分工制度，是通过制定制度、实施措施和执行程序，对经济活动及相关业务活动的运营风险进行有效防范和管控的一系列方法和手段的总称。

本节将通过医院内部控制失败案例作为引入，分析其内部控制中存在的问题，并提出相应的解决办法。

一、案例导入

北京大学第一医院门诊处收费处处长赵云江利用职务便利，制造虚假退款单，在两年的时间里，侵吞医院公款200余万元。赵云江因贪污罪被判处有期徒刑15年。

（一）歹心初起，老实人为何一反常态？

从北京大学第一医院的小职工走到门诊收费处处长，赵云江花了14年的时间，他一直都是医院的勤恳员工和父亲眼里的孝顺儿子。因为父亲生病，以病房拿药为途径，赵云江顺利和药房同事熟络起来。因为私下关系较好，赵云江碍于情面帮助药房同事办理退费，但又害怕事情败露，于是研究起假退费。长此以往，二人形成了合作关系，一方面赵云江帮助假退费能够得到同事分利，另一方面他可以不需要处方免费从药房拿药。二人野心越来越大。后同事介绍朋友来退费，但是朋友拒绝给予赵云江"好处费"，不平衡的利益分配激起了赵云江愈加难以满足的贪婪，他索性开始给自己办理假退费从其中牟利。

（二）事情败露，院方为何长期未察觉？

2007年11月，赵云江贪污罪行被发现。在2006年1月到2007年11月间，赵云江利用自己的职务便利，制作了虚假退费单据共计1600多张，侵吞医院公款达200余万元。

赵云江作案时间长达两年，为什么院方一直未发现呢？根据北大医院的正常收费流程，病人凭处方来窗口交费，收费员收费后开出机打收据。如果病人按规定交纳费用后，对其中的药品或者检查不需要时想退回先交纳的费用，就凭药方或相关医疗人员的签字确认，凭单据到收费窗口办理退费，收费员收到单据后再给病人退钱。但是医院的财务处核查单据不严谨，审查程序存在重要漏洞，在核查时仅仅核对缴款单上的应缴数额和所交的现金数额是否对上，不核对退费单和电脑记录是否相符。

由于医院财务审查单据的漏洞，才让赵云江有了贪污的可乘之机。

（三）法院献策，医院优化内审保安全

办案人员审理此案时，发现医院的财务制度有问题，提出司法建议。医院做出以下回复：彻底自查医院退费流程，重新修订退费制度，要求各临床医技科室要有专人开具退费通知单，并有第二个人签字复核，然后由门诊办公室把关确认盖章后，方可到收费窗口进行退费。此外，该医院还加强了后台的监管和审核，设专人对当天的退费收据逐一进行后台核实，以确保退费的真实性。

二、案例分析

上述案例中，仅仅是医院的财务审核漏洞就造成了200多万的公款贪污。面对政府对医疗改革的不断深入和医院信息化的深入，加强医院内部控制对于提升医院管理水平越来越重要。为了适应新时代医院的变化和发展，医院应该在梳理和分析目前医院所存在的缺陷后思考如何建立合理、合规、科学、有效的内部控制管理体系。

(一) 公立医院内部控制的不足

1. 内部控制环境存在缺陷

参与医院的管理,很有可能引发代理风险。政府、医院和管理人员之间由于没有建立有效的沟通机制,同时三者之间的关系不平衡,容易导致决策权、执行权合一,引发代理风险。同时,社会公众作为公立医院的监督者,监督权利的行使存在困难。公众大部分时间无法得知医院的具体经营状况。

2. 领导层重视程度低

公立医院的领导层大多数都具有丰富的临床经验,但在管理领域的专业稍有欠缺,对于内部控制认为其仅仅是财务部门的工作或者停留在制度完善的层面,缺乏牵头意识,在内部控制建设方面的主观被动性较强,没有充分意识到内部控制的重要性,自然缺乏主动推行内部控制的动力。

3. 制度制定不明确

《公立医院内部控制管理办法》对于公立医院的内部控制提出了明确的要求,但是医院的内部控制往往仅停留在制定政策的步骤上,对于具体的政策落实和控制流程所谈甚少。医院指定的内部控制规范"重流程、轻要求",难以满足内部员工对于内部控制的规范需要。工作人员偏好于了解日常流程规范等操作类的规定,而不是对于医院内部存在的风险分析和不相容岗位的介绍。

(二) 风险意识匮乏、预警机制尚未完善

公立医院长期以来享受医院政策的倾斜,导致竞争意识不足,经常出现资源浪费、管理粗放的问题。在实际经营中,医院区别于其他行政事业单位的重要因素是,医院所提供的服务事关生命安全,肩负着重大责任,具有较高的安全风险。从内部来看,医院存在着药品管理和手术安全风险;从外部来看,患者维权意识提高,医院需要承担医患矛盾的风险。因此,风险贯穿

于医院管理的全过程。然而，医院在实际中往往更关注业务能力的提升，忽视自身所面对的风险。风险意识不足，自然也就无须再提风险预警机制的建立和完善。

(三) 控制活动缺位

在控制活动中，要以预算管理为主线，由于预算管理未被重视，导致管理层认为编制预算是财务部门的事情，忽视了全员参与预算的重要性，导致财务部门与其他部门缺乏有效沟通，预算编制难以开展、预算编制和预算执行相脱节，最终形成执行成本超支的现象。此外，预算管理编制预算过程中，存在编制不精细的情况，后续预算计划频繁更改，造成国家资金的浪费和使用低效。

就收支业务而言，医院的医疗收入是医院最为重要的收入来源，一般占到医院收入的90%以上。相关岗位会出现不相容岗位未分离的情况，减弱收支控制的力度。在财务收入方面忽略单据和印章管理的重要性，存在管理松散的情况。责任落实不到人，易出现票据丢失、资金损失及收入流失等问题。在财务支出方面，易出现支出审批"一支笔"的现象，支出活动不经过集体讨论，权力集中于院长或是部门领导的手中，若是设置支出业务岗位不够合理，未能做到不相容岗位相分离，则容易出现财务舞弊的情况。

医院的采购对象大多是医疗产品，而此类商品的价格透明度较低，药品的价格可能和市场相分离。在实际制定采购参数时，由于未做到公平、公开和透明，缺乏必要的沟通，针对采购预算定价未充分进行市场调研，导致预算支出高于预算制定价格，造成资金浪费等问题。同时公立医院在招标采购时未对采购方式进行具体规定，甚至规避公开招标，没有严格监督采购工作，导致围标和舞弊的情况屡屡发生，长此以往会损害医院的信誉。同时若是产品未经公开招标后直接投入医院使用，医院的医疗风险指数也会增加。

医院的资产管理主要涉及货币和实物资产管理。部分公立医院在设计货币资金的审批权限与收支程序时，未能做到不相容岗位相分离，亦缺乏对货币使用的监督机制，导致医院的货币资金易被挪用和贪污，出现资金流失问题。其次是医院的实物资产管理，公立医院缺少对于实物资产登记、领用、保管等程序，相关审批权不够明确，未健全资产的盘点与清查机制，最终导致资产出现闲置、浪费等情况。

(四) 信息和沟通

医院内部控制体系需要以信息管理系统为纽带，内部控制信息化是内部控制建设的趋势和目标。目前，公立医院大部分都建立起 HIS 信息管理系统，整体化信息建设水平显著提升，但是内部控制和沟通之间仍然存在信息管理相对滞后、部门与部门之间存在壁垒等因素导致系统之间未能有效衔接，信息被孤立，医院的经营管理大打折扣。

培养公立医院内部控制信息化数字化复合型人才。新时代的内部控制人员应该兼具良好的专业素养和娴熟的信息技术能力，这是建设高质量的内部控制系统的根本保障。但现实中往往存在"专业素养"和"技术应用"的"两张皮"，即懂业务的不懂信息技术，懂信息技术的不熟悉业务。在公立医院内部控制中，要不断应用先进的信息技术及方法，切实提高数据的分析效率，加强信息技术背景下的内部控制实践能力。

(五) 监督与评价

公立医院从属于政府管理，长期存在着比较森严的等级思想，事项需要院长或院领导的批准后才能够实行。但是内部控制是全体人员的行动，同理，内部监督也是如此。如果有一个人置于内部控制制度之外，那么内部控制制度就会失效。倘若失效不能够得到及时控制，会导致"例外"变成"常规"，整个内部控制体系就可能会瓦解。

目前公立医院的内部审计制度建立不完善，内部审计机构的独立性缺失，使得审计工作肩负着较大的行政压力，监督功能受限。且根据医院偏重业务经营的方式，对于内部审计给予的关注度不够，相应造成内部审计人员数量不足或内部审计人员专业性不强的情况。同时，内部控制评价人员需要与内部控制建设人员相分离，现有部分医院的内部评价也是由内部控制机制建设人员来指导实现，监督力度减弱，易出现评价不真实等情况。制度不完善、机构不独立、人员不专业最终导致内部监督的缺位，无法发挥其监督和规制功能。

三、公立医院内部控制优化途径

（一）加强内部控制环境优化

1. 强化内外监督、推动权力制衡

对公立医院而言，院长负责制会产生权力过于集中的现象。需要对院长办公室进行内外部监督。内部监督主要为上级纪检监察机关的监督，外部监督由外部审计监督机构进行，并且要保障审计机构的独立性以更好地实现内部控制。

2. 单位负责人牵头，塑造内部控制自觉

内部控制是"一把手"工程，公立医院的内部控制缺乏动力，其内部控制更是要依靠领导者的自觉意识。公立医院要成立内部控制组织，如内部控制小组和内部控制办公室，由院长担任负责人，负主要责任，责任落实到人。同时工作人员熟悉各项工作流程，是内部控制流程的关键因素。医院要积极开展内部控制培训活动，鼓励全体员工学习内部控制知识和认识到内部控制的重要性，塑造人员自觉，变"要我内控"为"我要内控"。

3. 完善内部控制管理制度体系

公立医院应分析内部控制现状、现行各项规章制度的针对性和执行效果，明确内部控制要达到的目标，将现有的各项规章制度进行梳理、整合、衔接，根据《公立医院内部控制管理办法》和《行政事业单位内部控制规范

（试行）》等法规制度的具体要求完善相应内部控制的制度配套，细化优化不同内部授权对象及实施流程保证内部控制质量，让单位各部门形成合力，共同实现内部控制目标。同时，各个医院部门也要根据部门实际业务和不同项目制定出更加具有针对性的内部控制制度，由领导层向执行层逐层下达。

（二）重视风险管理

无论企业层面、个人层面、家庭层面还是社会层面，风险管理都起着经济效益"托底"的作用。公立医院层面建立风险管理可以促使医疗资源的作用实现帕累托最优。我们应该注意以下几方面。第一，确立公立医院风险管理目标。公立医院实施风险管理就是要达到风险可控的目标，有效处理医疗风险、医患关系、财务风险、社会认同风险等，以确保医院内外部发展环境良好，推动医院良性可持续发展。第二，成立风险管理领导小组。全面、系统地对公立医院风险进行梳理，有效规划风险防范之策，明确风险管理工作内容，对存在的或潜在的风险进行严格管控。如运用不相容岗位（职责）分离控制、授权控制、归口管理等方法进行有效防控。第三，要组织开展定期检查和不定期检查，发现内部控制薄弱环节，查找原因、堵塞漏洞，降低风险造成的损失。

（三）完善控制活动

1. 加强预算管理

公立医院需要严格按照国家在预算制定方面的法律法规，结合医院本有的组织框架进行预算部门的划分，根据自身的发展目标及上一年度预算决算，对本年度财务收支做好计划。为了加强医院的预算管理工作，具体应从以下几方面入手。其一，公立医院要建立全面预算体系。在明确预算主体、周期、指标和维度的同时广泛进行宣传，提高公立医院对全面预算的重视程度，鼓励广大职工参与到全面预算制定过程之中。其二，构建科学的预算编制过程。在预算制定过程中采用"自下而上""自上而下"和"上下平衡"的方法,精准获取预算所需数据,确保来源的真实性和可靠性。其三,要坚持以财务管理为核心。预算编制后,需要对预算的执行、控制和考评进行把握,尤其是财务部门进行审核,财务部门是公立医院预算管理的核心力量,不可替代。其四,完善预算工作主要行政领导负责制。公立医院预算管理的第一负责人是医院院长,预算编制完成后要及时提交院长办公会审批,切实加强预算编制的领导,明确主体责任,确保预算编制的合法性与有效性。同时,对编制预算进行公开,主动面对公众和外部审计机构的监督。其五,对预算执行的有效控制也是重要环节。每个部门按照编制预算时的资金用途进行预算执行,在此过程中由部门负责人进行预算控制。

2. 重视收支业务管理

首先,需要强化收入业务管理。公立医院的医疗收入业务相对较多,因此需要加强此方面的管理工作。应对相关岗位进行合理设置,并分离不相容职位,对人员的专业能力等进行分析,保障货币资金相关人员职业道德符合要求,杜绝乱收费现象。医院收入需要确保及时入账,保证应收尽收,避免资金损失。

其次,需要加强支出业务管理。医院支出业务具体包括事前审核、审批、费用报销、借款及会计核算五个阶段,需要结合不同阶段的业务管理要求采取有效的管理对策,从而提升支出业务管理水平。如事前审核阶段要严格实行货币资金管理工作的授权审批制度,在货币资金流动之时,要对各项资金进行有效控制。

最后,要保证实际收支与账目相符。根据业务实际需要,定期对资金进行盘点,分析货币资金和会计资料是否账实相符。定期盘点能够避免风险恶化,即使出现部分账实不符的情况,也能够尽早处理。

3. 规范采购业务

公立医院需要对自身的采购业务加以规范。其采购业务涉及医疗设备、药品、耗材等采购项目。政府采购活动要坚持"关注源头"和"结果管理"的原则，构建明确需求、确定标准、实施招标、履约验收的全过程管理，实现公平、公正、公开。在采购时需要适用合规的政府采购方式，并设立专门的部门或岗位进行归口管理。为了遏制不规范采购情况的发生，需要强化对于公立医院政府采购的监督。对政府采购业务的监督分为内部监督和外部监督。其中外部监督的途径主要有医院公告，公告内容包括政府采购信息、采购项目招标公告或资格预审公告和中标单位等。

4. 完善资产管理机制

医疗器械、办公用品、住院床位等都属于医院的固定资产。首先，完善资产的验收机制。制度问题更带有根本性、全局性、稳定性和长期性。医院应建立一套完整的资产验收机制，保障医院固定资产的采购、验收、结算、登记等办事流程的全闭环。推动解决资产管理过程中的制度不健全、覆盖不到位、责任不明晰等问题。其次，建立医院固定资产卡片制度。对已有固定资产全面盘点，对报废资产合规有序进行处理，同时将固定资产信息登记在卡片上。实现固定资产心中有数，卡上有数。最后，需要定期对固定资产进行清点，确保账实相符。

（四）优化信息管理

首先，在信息公开平台建设良好的基础上，公立医院要主动实现信息公开披露，借助信息平台形成各层级的信息共享与反馈机制。其次，公立医院需要优化信息沟通机制，要定期开展部门之间的沟通活动，了解各个部门的最新动态和内部规范，通过横向比较实现内部看齐，加强内部控制建设。最后，公立医院内部控制部门应提高监督制度的协同性，应包含监督制度体系协同、监督与问责协同等方面。整合各种监督方式，发挥监督合力，在公立医院内部以党内监督为主导，深入推进各类监督贯通融合，充分利用数字赋能，构建跨域跨界监督信息平台，倒逼公立医院正视内部控制工作中存在的问题，实现内部控制精准优化，避免出现"船大难掉头"的情形。

（五）强化监督控制

公立医院在对内部监督控制进行强化时，首先，对内部监督人员展开培训，可聘请外部专家开展讲解活动，或通过内部财务人员进行经验传授，使内部监督人员的综合素质得到提高。其次，对内部控制成员精准赋"责"，实现内部控制成员权责对等，分工明确，职责清晰，科学、合理制定内部控制评价体系与标准，高质量落实各类评价，提高其可操作性。再次，公立医院要保证内部审计机构的独立性，同时需要有效保障审计效率，做到有重点地审计，全面盘点经营活动，重点清查资金收支等环节，以此提高审计效果。另外，公立医院应对流程管理加大重视，全程监督与跟踪医院的运营业务，建立起完善的全过程监督机制。最后，需要考虑外部专业监督机构的专业性评价。基于此，公立医院要千方百计构建全方位、多层次、全要素的控制质量责任考评体系。坚持"严管"与"厚爱"相结合，激励内部控制人员主动担当作为，同时，坚持目标导向，把考核结果与人员奖惩相挂钩，实现内部外部监督、线上线下监督和主动被动监督共同发力，实现内部控制监督的闭环管理。

第四节 行政事业单位内部控制机制失灵的原因分析

"失灵"的问题在经济与社会领域的研究中不是新的问题，尤其是我国行政事业单位兼具部分市场与政府功能，无法完全避免"市场失灵"或者"政府失灵"的禁锢。内部控制规范为其规范内部权力运行、实现经济活动

<<< 第六章 行政事业单位内部控制的案例分析

管控目标提供了框架思路、工作原则、方法步骤，为提升行政事业单位治理能力和管理水平提供了规范和指引。在这些规范和指引下，各单位确实做了一些工作，特别是在梳理完善制度、优化业务流程方面取得了一定成效。

但行政事业单位内部控制工作在建设、执行、评价各阶段都不同程度地存在问题，这需要我们从内部控制工作的全过程来查找分析存在问题的原因，推动内部控制从"立规矩"向"见成效"转变，从面上推进向重点突破转变，从重经济活动管控向规范内部权力运行延伸。财政部作为内部控制工作的主管部门，通过颁布内部控制规范等文件，以经济活动管控为切入点，覆盖全国各级政府和事业单位，自上而下逐步推进。在各级单位，以内部控制规范为依据，以财政部工作通知安排内部控制各项工作，由各级政府财政部门具体部署、各级单位内部财务管理部门牵头具体开展内部控制工作。这一过程涉及的单位和部门众多，涵盖的业务领域复杂，工作程序链条绵长，人员理解认识程度不一，都是产生内部控制工作问题可能的原因。

一、领导理念层面

人是一切活动的核心要素，拥有人才是组织目标实现的重要保障。在行政事业单位中，行政领导通过示范、说服、命令等途径，对被领导者进行指挥与指导以实现组织目标。某种程度上，单位领导的理念直接决定了单位的办事理念。行政事业单位中，单位领导受任职经历、领导方式、个人素养、教育经历等因素限制，对于实施单位内部控制的理念把握不够、方法控制不准、流程操作不规范，更有甚者认为烦琐的内部控制制度、流程等增加了行政事业单位办事的时间成本，降低了行政事业单位的办事效率。

良好的内部控制环境是实施有效的内部控制的前提，而良好的内部控制环境最重要的是单位领导理念的更新。行政事业单位内部控制工作走入困境的原因有很多，但居第一位的是"理念设计"，即行政事业单位有没有树立正确的内部控制理念。内部控制理念是一个单位最高管理层对风险的认知程度和对内部控制的认知水平,这决定了单位内部控制的基调。要实现行政事业单位管理与发展目标,行政事业单位领导人员及职能部门就会制订规划、采取达成目标的积极措施。这些规划、措施是自主性的、积极性的。而内部控制更多的是"循规蹈矩"、被动性的,是来自法律法规、政策规范的约束与制衡的,要求我们使用正确的方法做正确的事情,其作用在于去完成规则和流程需要完成的事情,是一种防御性措施,是一种必须履行的义务和责任。当积极规划与"循规蹈矩"相矛盾或者相偏离的时候,行政事业单位领导即可能受政绩观引导而放弃内部控制。另一种情况是行政事业单位领导认为内部控制工作的必要性不大,不做内部控制单位仍然照常运转,做了内部控制反而"束手束脚"。因此,"循规蹈矩"与"束手束脚"的观念一旦成为单位领导对内部控制工作的认识,"一把手"工程将会变为临时性工作,内部控制工作将流于形式、走向表面化,而且再好的内部控制体系也将难以阻挡为实现政绩而突破内部控制体系的步伐。

内部控制部门的权力和权威取决于单位最高领导层的态度,如果领导觉得没有必要控制那么多环节、细化那么多流程,或者为了政绩甘愿以风险换效率,那么内部控制部门的工作将会大打折扣,甚至可有可无。单位领导内部控制理念的缺失,必然造成其对内部控制的轻视,继而导致单位内部控制领导、执行等机构形同虚设,单位内部控制机构权威性、合法性、独立性不足。同时,部分单位领导内部控制专业素养较低,很难发挥内部控制建设、执行与监督的功能。"上有所好,下有所趋。"单位领导层面的不重视,必然导致"上行下效"的局面,单位内普通工作人员对内部控制的忽视,必然造成财务成本的增加、资源的浪费、行政效率的低下,最终会影响到人民群众对于行政事业单位的满意度与信任度。

二、体制机制层面

现行内部控制规范体系设计与目前行政事业单位的体制机制衔接存在困难。行政事业单位的管理体制是自上而下命令式的运行方式，内部控制是单位内部约束权力运行、实现管控目标的手段，如何让内部控制规范体系融入现行管理体制、运行机制，与现行管理模式、运行机制相衔接是内部控制工作的一个难点。比如，内部控制环境建设中的机构调整、权限划分、岗位设置等不是单位内部想解决就能解决的，即使"一把手"很重视，也会受到机构编制、岗位设置、经费预算等诸多因素的影响而陷于被动，当然更不是内部控制牵头部门所能完成的。在具体工作中，内部控制环境中机构调整、岗位设置、部门之间的权责调整涉及少，业务层面制度梳理、流程优化、信息化建设工作多，或许也反映了内部控制规范体系与现行管理体制机制相融合的困难程度。同时内部控制规范要素之间存在隔阂与障碍，内部控制理论与模式来源于西方，起源于会计控制，更多地应用于企业治理与管理，将其改良应用于单位的时候，由于政治体制、经济基础、管理体制、运行机制与文化传统的不同，已有的管理体制、运行机制、管理思维难以改变，内部控制制度设计与现行管理运行机制又存在不契合的地方，二者衔接上存在困难。比如，信息和沟通应是各环节都有的，但与其他要素相并列，往往把信息和沟通作为独立环节来考虑，典型的就是信息化建设方面，更多的考虑是花钱上软件，打通信息孤岛，较少考虑如何建立各环节之间的沟通机制，较少考虑与管理机制和文化传统相融合。

三、思维方式层面

为什么会存在"一把手"工程变为临时性工作的情况，其与推动内部控制工作的思维方式相关。从对内部控制工作重视程度来看，有的单位领导高度重视，依据内部控制规范要求积极开展工作，部门尽职、人员尽责，做得有声有色、成效显著。有的单位领导重视不够，内部控制工作基本处于起步阶段，停留在传达文件、完成规定任务上。有的单位是"先进门，再提升"，不紧不慢，有的是"走一走，看一看"，上级不发通知、不做要求就不做了，还有的认为"抓几年就不抓了"，不做长远打算，存在短期、应付、流于形式的趋向。这些情况的存在反映了一些单位对内部控制工作的认识存在问题。从思维方式上来说，一是法治思维，按制度办事，不等不靠；二是权力思维、人治思维，要么等上级通知，要么等领导安排。"文件靠传达，工作靠通知"是行政机关多年来的工作习惯。文件一级一级传达，工作一级一级发通知，层层学文件、层层抓落实是工作人员开展工作的思维习惯。如果说某一项工作没有开展，往往会说领导还没安排、通知还没来。体现在内部控制工作方面，这种思维惯性带来的工作方式就是等通知、等安排。

四、制度设计层面

《行政事业单位内部控制规范（试行）》等规范、文件是以财政部规范性文件印发的，不是针对某一具体事物、事项的行政性文件，而是在一定时间内相对稳定、能够反复适用的行政规范文件，是财政部按照法定职权和规定程序制定并公布的财政行政管理依据文件，应当得到普遍遵守与一体执行。但在规范、文件落地过程中，由于这些规范、文件的内容范围、效力层级、文件形式等方面的原因，并没有得到很好的贯彻与落实。在内容范围方面或者说在内部控制规范管控范围上，一方面，目前《行政事业单位内部控制规范（试行）》暂定位于经济活动的内部控制，主要基于经济活动是单位所共有的业务活动的考虑；另一方面是财政部的主要职能，财政部在制度建设方面的职能主要集中在财政、税收、财务、国资管理等方面，比如，负责起草关于财政、财务、会计管理的法律、行政法规草案,负责制定单位国有资产管理规章制度,至于与内部控制环境相关的行政机构管理、内设部门设置、职责权限界定与划分、"三定方案"及与此相关的经费预算等不是财政部的职能。在制度建设上,财政部规范性文件应当符合法律、行政法规、国务院决定与命令和财政部部门规章的规定,规范性文件之间应当协调一致,不可能超越职能去制定制度,即不可能超越财政管理的职权去制定超出经济活动的内部控制规范。这种"暂定位于经济活动的内部控制"的制度设计带来了多方面的问题。

五、政策执行层面

政策执行,是指为实现政策目标,政策执行者通过建立组织机构,运用政治资源、宣传、协调与控制等一系列方法,将政策观念的内容转化为实际效果,从而实现既定的政策目标的活动过程。政策执行是一种动态的过程。它包含两方面内容:一是将决策转化为可以操作的过程;二是按照决策所确定的目标而进行的努力。

我国行政事业单位兼顾行政与市场两个属性,在内部控制的自发性与能动性方面天然存在动力不足的困境。加之当前我国行政事业单位的核心功能依然是提供高质量的公共服务,对于政策执行者的素质要求相对简单,对单位内财务工作人员的财务、内部控制、审计等专业水平要求相对较低,甚至部分财务人员本身没有财务专业背景,只不过是考过从业资格证。政策执行者在态度、知识和能力方面还不能完全满足单位内部控制的要求。随着行政事业单位改革的推进,行政事业单位已经高度重视财会人员的专业素质,提高了财会人员选拔标准,并定期举办专业知识培训,加强国家法律法规解读,来强化财会人员的整体素质。但是整体而言,在政策执行层面,行政事业单位内部控制政策的可操作性、政策执行弹性与政策执行控制力度的优化依然任重道远。

　　总体来看，行政事业单位内部控制数字化建设的推动力不强。当前，ChatGPT、AI、区块链、大数据等先进的技术正在融入内部控制流程当中，极大程度上拓展了内部控制广度、延伸了内部控制深度，从而提升了内部控制建议的针对性和宏观性，充分发挥了内部控制监督、鉴证、评价等功能，它的技术特征包括内部控制理念的先进性、高效性与评价的宏观性。与上市公司内部控制评价报告和审计报告"数智化"披露相比，行政事业单位内部控制数字化建设缺乏刚性条款和考核问责制度。如今，越来越多的新兴信息技术为内部控制带来了新的机遇和挑战。行政事业单位内部控制，对于我国经济社会发展具有不言而喻的作用，但也存在资源利用不当、腐败等问题，这就要求内部控制介入进行强有力的审查监督。因此，当前新兴信息技术应用于行政事业单位内部控制的研究具有一定的重要性和必要性。

第七章

行政事业单位内部控制机制的优化对策

第一节　内部控制制度层面

如何通过有效的机制保障在行政事业单位内部高质量实现内部控制一直是学界关注的焦点，已有研究形成的积累性共识是，可以通过规范化、体系化、科学化的内部控制制度促进行政事业单位内部控制发展。近年来，国家对行政事业单位内部控制重视程度逐年加大，出台了《行政事业单位内部控制规范（试行）》《关于全面推进行政事业单位内部控制建设的指导意见》《关于开展行政事业单位内部控制基础性评价工作的通知》等系列文件，对行政事业单位内部控制的规范性建设、基础性评价等细分领域也制定了专门政策，加快了行政事业单位内部控制建设，推进了行政事业单位高质量发展。

一、内部控制制度建设应遵循的原则

当前，我国正处在"两个百年目标"的过渡期，改革发展也进入了"攻

坚克难"的关键阶段,行政事业单位改革和发展的压力空前巨大,需要解决的问题千头万绪。解决发展的问题最好的方法就是发展,解决制度的问题最好的方法就是制度构建,这就要求行政事业单位更加重视制度建设工作,把制度建设的理念融会贯通,把制度建设的方法用活用好用巧,把制度建设资源用足用全用充分,通过制度建设把内部控制建设目标、理念、价值追求凝聚成为行政事业单位统一意志,以此来引领行政事业单位有序管理和改革发展。

　　行政事业单位制度建设要遵循法定程序原则。内部控制制度建设要遵循法律法规制定程序,从指导思想、责任主体、法定权限、制度内容、施行时间以及行文规范性等方面考量内部控制制度合法性、合理性和科学性。同时,要严格遵守法定权限和程序,符合法律法规、规章和国家大政方针。一是要严格政策制定程序。行政规范性文件必然严格依照法定程序制定发布,要落实评估论证、公开征求意见、合法性审查和公平竞争审查、集体审议决定、向社会公开发布等程序。二是要落实规范性文件定期清理机制。按照"谁起草,谁负责"的原则,定期开展规范性文件清理工作。三是要建立规范性文件实施后评估制度。要根据合法性、合理性、可操作性、实效性等标准,加强规范性文件梳理和绩效评估,对文件执行情况、实施效果、存在问题及其影响因素进行客观调查和综合评价,提出完善制度、改进管理的意见,切实提升规范性文件制定质量。

　　行政事业单位制度建设要遵循适应性和可执行性原则。制度的生命在于执行,制度必须具有可操作性,才能得到有效实施。要想制度被有效落实,其本身必须具有可行性。如果制定或设计的制度脱离实际,即使反复强调落实,必然也是无法有效执行的。因此,制度建设首先要提高其问题意识,多方听取他人意见和建议,深入调研和分析,不断提高制度建设成效。其次,要研究清楚制定制度的依据、制度所调整的各方面关系、实践中的实施效果等问题，同时增强制度建设的系统性。最后，综合运用制定、修改、废止等多种形式，及时梳理、清理、编纂各项制度，做到制度之间相互衔接、统筹协调、形成合力，以切实实现制度建设发挥引领和推动作用。

行政事业单位制度建设要遵循科学和民主决策原则。要处理好改革决策与制度建设决策的关系。制度建设决策是科学决策、民主决策、依法决策的有机结合。当前，改革发展对制度建设的要求，已经不是仅仅总结实践经验、巩固改革成果，而是需要通过制度建设做好顶层设计、引领改革进程、推动科学发展。要把深化改革同完善制度建设有机地结合起来，通过制度建设实现科学决策与民主决策的有机结合。国内外的实践充分证明，用法治方式推进改革，努力做到改革决策与制度建设决策协调同步，既能确保改革决策的合法性和正当性，降低改革成本，又能争取多数群众的理解和拥护，为改革决策提供极大的民意基础和动力支持。

行政事业单位制度建设要遵循及时性的原则。制度建设一般落后于需要，这就要求在发现问题的时候，要尽快将其纳入制度建设规划，及时调查研究，按程序出台相关制度予以规范和引导。围绕行政事业单位在发展规划、治理模式、经济活动等方面需要解决的现实问题加强制度建设，尤其是要抓住重点领域和关键环节，把新政策、新要求嵌入制度建设中。

二、对内部控制制度建设的建议

行政事业单位内部控制制度是指为保证内部控制规范得以执行而形成或者构建的工作机制的总称。发挥制度建设的引领和推动作用，就是以制度为载体，依照程序提出单位的改革规划、价值目标、治理模式和办法措施，从而实现改革目标和发展目标。发挥制度规范的引领和推动作用，就是注重运用制度规范权力运行、调整利益关系、推动改革发展。

构建完善的内部控制体系，着眼重点业务环节制度建设。完备、科学的内部控制体系是内部控制工作正常运转的重要保证，有助于推动内部控制日常工作高效实施。一是要完善内部控制工作机制。做好内部控制工作，构建内部控制体系尤为重要。要按照内部控制的规范要求，搭建组织架构、形成体制机制、明确职责分工。二是设置专项工作小组。在内部控制实施的各个阶段做好牵头与服务工作，以常态化专项小组工作牵引内部控制工作的日常化。三是优化内部控制运行机制。行政事业单位内部控制是一项基础性、长期性的工作，需要健全且不断完善的工作机制和协调机制。比如，要建立健全内部控制的联络机制、例会机制、反馈机制等。

推动行政事业单位内部控制规范化法律化建设。法律是所有社会规则中约束力最强的制度，它包括了宪法、行政法规、地方性法规和单位规章等。在行政事业单位内部控制制度建设进程中，可以探索根据内部控制要求的主体、客体、内容和要素等的不同将内部控制规范向行政法规转化。进一步明确行政事业单位内部控制主体责任、工作内容和问责对象等问题的同时也进一步推动国家治理中的法制化建设。

建立健全行政事业单位内部控制的管理制度。研究出台行政事业单位内部控制评价实施细则，从评价指标、指标权重、评价内容、评价标准、评价方法、结果运用等方面做出更加明确的规定。以此来提高行政事业单位"一把手"对内部控制建设和评价工作的重视程度，适时把内部控制评价结果与部门预算管理、部门绩效考核、干部选拔任用等挂钩，同时将行政事业单位内部控制评价得分面向社会公布，接受全社会监督。

坚持在制度框架内推进改革。改革要于法有据。行政事业单位的改革发展规划和管理目标确定以后，要通过制度建设形成内部控制制度，一体遵守、合力推行。改革发展方案、重大事项的研究过程，也应是内部控制制度建设的研究过程，改革发展和制度创新，必须在国家法律法规、政策规定的框架内进行。对改革发展和建设中遇到的新问题、新需求，应当从制度建设上及时研究以提出解决问题的路径和办法,以法治思维和法治方式推进行政事业单位的改革与发展。

以实现中国现代化为目标,以高质量行政事业单位建设为导向,推动行政事业单位内部控制各领域各方面政策制度系统性变革。建立健全清单化推进机制,制定重点任务清单、突破性抓手清单、重大改革清单,明确任务责任,实行闭环管理。完善自上而下的顶层设计,以数字化改革为支撑,强化政策之间的协调配合,统筹内部控制中的人才、财政、技术、评价等相关政策,凝聚政策合力,放大政策效应,切实让行政事业单位提供优质公共资源并真正用到经济发展和民生改善中。加大各部门各领域对内部控制政策支持倾斜力度,并结合实际情况,聚焦重大领域、重点环节、关键业务研究制定符合自身发展的具体政策。

第二节 内部控制执行层面

行政事业单位内部控制执行是保障行政事业单位内部控制目标"落地"的关键环节,内部控制执行的质量直接决定了行政事业单位公共服务的效率和效果,也是衡量行政事业单位目标—制度—程序—效果是否存在偏差的重要途径之一。行政事业单位内部控制的执行应该"以预算为主线,以资金管控为核心",推动实现内部控制建设与执行一体化工作。加快改善"内部控制建设与执行一体化"监督问题具有现实必要性,既是解决当前内部控制监督领域严重问题的迫切要求,也是全面从严治党、建设法治国家的必然趋势。加强对内部控制的监督既需要思想建设和制度发力,也离不开完善具体监督机制的配合。

一、内部控制执行实施的思路

第一,以预算管理为主线。行政事业单位应建立全面预算管理制度,通过全面预算来提升单位内成本管理水平与能力。应建立事前预算编制评审、事中采购与执行控制、事后预算考评,最后形成预算控制报告。从而做到通过预算这一抓手全面抓住行政事业单位内各项经济活动控制的关键节点,实现对各项经济活动的有效控制。

第二,以资金管控为核心。行政事业单位应抓住资金这一内部控制的重心和主体。同时,通过事前规划与评审、事中控制与监管、事后考核与记录三方面,形成环环相扣、层层递进、面面俱到的闭环流程,实现对行政事业单位资金收支的全过程监控。

第三,以数字化为载体。以数字化改革落地赋能内部控制执行的体系化和常态化建设。以数字变革支撑内部控制执行政策的集成化、精准化。具体来说,通过内部预算的信息化将单位预算制定、编制、执行、批复、考核以及职能细化落实到具体任务和责任人上,以信息化来保障控制方案和措施落到实处。

二、内部控制执行的建设

第一,政策法规保障。完善行政事业单位内部控制执行的政策法规可以从以下四方面开展:一是对制定内部控制执行有关基础数据的规范,包括数据存储安全规范、数据共享规范以及数据公开规范等;二是制定内部控制执行有关平台的规范,指引和鼓励各主管部门建立内部控制分析平台,并利用大数据进行数据收集、存储、分析的整个流程操作提供指导,促进大数据技术和审计工作的有机结合;三是制定内部控制执行的法律体系,对相关主体的数据保密责任义务进行明确规定,加大对泄露数据人员的处罚力度;四是各业务主管部门应根据部门实际业务内容，颁布内部控制业务操作规范。

第二，内部控制组织保障。行政事业单位内部控制的运行需要适配更灵活先进的组织方式。首先，在信息技术平台中，应建立一个统一的领导指挥平台，主要集中规划和进行重大决策，提高决策的科学合理性。其次，内部控制组织模式应更倾向于扁平化和网络化管理。一方面，利用信息技术平台实现多部门、多层级的信息共享，提高内部控制人员对内部控制信息变化的感应能力和反应能力；另一方面，网络化管理要融合更多主体力量参与分析，如和纪检、内审、检察等部门实现协同治理，与社会公众、新闻媒体形成内外合力等。最后，内部控制组织模式下更要做好人力资源管理工作，对于人才、团队的安排配置讲究专业性和科学化，包括数据平台基础建设人员、数据技术应用分析人员等。

第三，现代信息技术保障。技术赋能是内部控制信息化发展的必由之路，当前应坚持用现代先进信息技术之"矢"射内部控制工作任务之"的"，实现行政事业单位内部控制疑点精准定位和精确打击，提高内部控制的质效发展的新高度。比如，在土地类行政事业单位内，可以将遥感、地理信息系统、全球卫星导航系统引入行政事业单位土地资源的审计与内部控制中，极大程度上实现全面分析、快速定位和精准打击。同时，在地理信息系统和内部控制平台的结合下，内部控制人员运用数据挖掘和数据分析处理技术加快数据处理速度。在现代信息技术保障下，土地资源内部控制大大减少了现场勘察消耗的时间和精力，海量的数据也为全覆盖内部控制提供了新的技术路径，内部控制人员更能集中精力分析疑点，提高内部控制效率。

第三节 内部控制评价与监督层面

行政事业单位内部控制的评价与监督是推进单位内部控制不断完善和有

效实施的"达摩克斯之剑"。我国于2012年颁布了《行政事业单位内部控制规范（试行）》，自此之后相继颁布多条法律法规来促进内部控制规范的实施。但是从近几年的情况来看，各行政事业单位内部控制取得的效果与制度设计预期有一定的差距，究其原因，内部控制评价与监督是主要因素之一。由于特殊国情影响，我国行政事业单位内部控制建设与实施存在着"天然的"内生动力不足的问题。受"单一制"的行政体制影响，上级的考核与要求对下级单位的行政行为起着强大的约束与指导作用。

首先，将行政事业单位内部控制评价纳入审计部门常规工作，以评促建，评建结合。内部控制建设工作中建设部门与评价部门应是工作结合得最紧密的部门，首先要明确任务职责，其次要通力配合，进一步强调内部控制评价工作的目的与作用，与内部控制建设工作结合起来，以评促建，评建结合，推动单位内部控制建设工作。通过开展内部控制审计对被审单位现有制度健全性和执行有效性进行评价，针对审计发现的内部控制设计缺陷和执行缺陷提出管理建议并向被审单位下达审计整改通知书，指导、审核其整改情况，以此推动单位内部控制建设和管理工作。

其次，将评价结果纳入年度考核，并与考核奖惩挂钩。针对现有的评价指标体系，深入研究指标结构的合理性、指标内容的清晰度、评价结果等级划分的科学性等问题，结合本单位实际情况，构建适合单位情况的具在科学性、完整性、实用性、时效性的评价体系开展评价工作，出具评价结果，结合单位内部控制年度报告，结合纪检、巡视、审计、财政检查、国有资产检查等外部检查结果，提炼单位在内部控制中存在的突出问题，有针对性地评价单位、部门的内部控制工作成效。内部控制评价工作是考核单位治理能力和治理水平的重要手段和抓手，单位决策层应将部门内部控制工作情况作为考核指标，将内部控制工作列入年度工作计划和干部责任审计范围，内部控制评价结果与干部述职述廉、年度考核等奖惩机制相结合，根据评价结果进行适当的奖励，利用激励机制督促各部门积极推动落实内部控制工作，推动内部控制工作纳入日常工作计划。

再次，将内部控制监督检查工作纳入常规工作，不断完善单位监管工作体系，促进监管工作常态化。系统性研究监管工作，完善监管制度体系，探索监管方式创新，采取事前事中事后监管联动，现场远程监督互补等多种方式完善监管体制机制，强化长效机制建设和问责机制。第一，要完善机构设置，进一步明确监管部门和职责，落实监管工作任务。对内部控制体系进行全方位、全覆盖无死角的监督和检查，是全面掌握单位内部控制工作情况、完善内部控制体系的有力举措。第二，加强监管督导及问责力度，逐步建立贯穿权力运行和经费使用全过程的"事前指导，事中监督，事后监管"内部控制方式，在经费使用方面发现问题后及时开展函询、约谈、问责等。切实提高监管督导的针对性、时效性，确保单位财务管理健康运行。第三，增强执行力度，审计、纪检部门参与，针对共性问题追本溯源，厘清问题产生原因，有的放矢解决问题，及时采取控制措施防范风险。内部审计和纪检监察部门是内部监督的主要力量，审计、纪检监察参与内部控制工作，可以督促按工作进度进行建设、完成工作，并可对每个阶段的建设进行评估和检查，提出改进意见或建议，或可通过办案，找到信访举报中的线索来提高内部控制建设的成效。

最后，将数字化技术与手段应用于内部控制的监督评价场景中。加快大数据、物联网、人工智能、区块链、5G等现代信息技术的应用推广，为行政事业单位内部控制的实现提供现代化数字支撑。借助数字化改革的力量，充分运用各类政务信息数据资源，统筹构建行政事业单位内部控制应用系统和数据综合集成体系，打造一体化、智能化、高效化的公共数据平台，强化数字赋能。比如，通过系统数智化判断减少执行过程中的人为因素影响，实现制度管人，制度面前人人平等。比如安装手机客户端，无论人身处何处，只要有审批流程需要，随时随地可以在手机上进行文件审阅、签批，破除了工作在时间上、空间上的壁垒，大大提高工作效率，也能有力保障内部控制制度的顺利实施和被监督。以数字化改革撬动内部控制体制机制创新取得突破性成果，加快构建数字化时代社会关系的新规则、新机制，提高行政事业单位运行效率和便捷程度，进一步激发单位创造力和市场活力。

除了要对内部监督进行进一步的完善外，还要同步强化外部监督，强化政治监督，推动纪律、监察、巡视、派驻"四项监督"的有机贯通。加强党内监督与人大、政协、审计、群众、舆论等监督统筹衔接。基本构建现代化的核查评估机制，以评估促进工作落实。同时要认真对待群众信访，主动接受社会各方监督者的监督，并主动整改监督过程中所发现的问题，及时以书面报告形式，回应人民群众和社会团体所反映的重大问题。坚持定量与定性、客观评价与主观评价相结合，科学设立行政事业单位内部控制评价体系和目标指标体系，全面反映内部控制工作建设工作成效。

第四节 内部控制理念培育层面

心灵是文化的主脉。文化深深地镌刻着人们心灵的脉络，生动抒发人们的情感，描述人们的心境，展现人们的追求，振奋人们的精神。文化潜移默化地影响人，文化从心灵深处塑造人。在行政事业单位内部控制中，内部控制文化与理念的培育是内部控制内驱力产生的根本。行政事业单位内部控制工作，首先要解决内驱力的问题，即解决行政事业单位从业人员的思想、观念和文化的问题。总之，无论是行政事业单位内的领导人员还是普通工作人员，都应该加强其内部控制理念，将内部控制思想渗透到管理与执行工作中。

一、内部控制理念培育

首先,增强行政事业单位管理者的内部控制观念。由于市场经济环境的不断变化,单位负责人的责任意识逐渐强化,工作人员也需要树立并强化内部控制意识。在其执行内部控制制度时,负责人应该意识到自身第一责任人的义务,要积极地推广宣传内部控制的重要意义,组织开展定期学习。同时责任人要对各个科室的内部控制执行情况进行监督和检查,为使内部控制目标得以实现,建立相应的岗位责任制,确保责任落实到人。树立并强化内部控制意识,可以有效改善组织内部的内部控制环境。除此之外,组织内部控制的执行效果很大程度上取决于相关人员的具体执行情况,良好的组织内部控制文化,可以有效提高组织成员的内部控制执行度以及参与度,可以在组织内部营造良好的风气与氛围,鼓动工作人员积极主动地参与企业的制度执行和落实。

其次,因地制宜,营造适合内部控制的氛围。确保所有的管理者都能将内部控制作为自身工作的重点,管理层应当积极交流内部控制的建设动态信息,对不同部门的内部控制建设情况有充分的了解,这有利于在组织内部营造依法办事和廉洁奉公的良好氛围。

最后,强化执行层面人员的内部控制制度意识与素养。内部控制工作涉及内容特别广泛、涉及部门比较分散,其工作要求要有专业化的技术和专业化的素养。内部控制工作需要工作人员梳理清楚单位的业务流程,做好识别风险、评估风险的工作并制定相应的风险应对措施,在此基础上进行系统化的建设,但通过对当前我国行政事业单位的调研可知,内部控制管理的主要负责人是单位财务工作者,当前,在行政事业单位中,高素质的内部控制管理人员较为稀少。缺少高素质的内部控制管理人才会显著降低单位内部控制管理的质量,加大内部控制的管理难度。

二、内部控制文化建设

内部控制文化是从源头上防治行政事业单位腐败的根本，高效的内部控制文化建设能够直接影响行政事业单位整体氛围的形成，其重要性不言而喻。内部控制文化是法律、制度、政策、思维、习惯、理念等多种元素的总和，内部控制的高效施行也是建立在一系列法律法规、政策制度基础上的。内部控制文化弘扬不到位，行政事业单位的内部控制就缺乏文化根基，高质量的统筹推进就会站不稳脚跟，无法长效落实。

首先，明确内部控制建设指导思想，引导内部控制文化高质量建设。一是既要坚持政治属性，又要坚持经济属性。新时代行政事业单位文化建设要处理好行政事业单位公共服务与内部成本管理的关系。二是既要加大财政投入力度，又要加强队伍建设。当前，部分地区行政事业单位内部控制文化建设基础较弱，不同区域、不同行业、不同层次的行政事业单位文化基础建设差距明显，必须加大财政投入力度。同时加强管理人才、技术人才、财务人才等人力资源建设，培育合法合规文化，营造良好的内部控制文化氛围，并通过教育与管理、激励与约束相结合，提高行政事业单位员工的综合素质，使员工的自觉行为与制度对人的约束有机结合。从根本上解决文化的内核问题。

其次，强化组织内部控制文化的建设。组织文化是人性化的一种隐性表现，更侧重于在形成共同的价值观以及愿景的基础上，营造与打造良好的组织氛围与工作环境，从而确保所有的工作人员都能积极主动为组织工作，可以将其理解为组织发展目标与道德规范以及精神的总和。因此，应当明确内部控制的重要意义，引导和鼓励组织的相关成员学习内部控制知识，从而在组织内部营造良好的文化氛围。内部控制体系建设是一项长期系统的工作。健全和完善内部控制体系，必须文化先行，只有增强规范管理、防范风险的意识，将内部控制与岗位工作紧密结合，才能及时发现和采取有效措施防范风险。倡导将内部控制融入单位的各项业务和管理活动，尤其是资金分配、项目建设等重要决策过程中，确保内部控制文化与行政事业单位文化的真正融合和落地。

再次，把握内部文化控制的关键环节，建立健全法治文化。全面依法治国是国家治理的一场深刻革命，关系党执政兴国，关系人民幸福安康，关系党和国家长治久安。党的二十大报告指出"法治社会是构筑法治国家的基础。弘扬社会主义法治精神，传承中华优秀传统法律文化，引导全体人民做社会主义法治的忠实崇尚者、自觉遵守者、坚定捍卫者"[①]。法治文化应包含民主、法治、人权、平等、自由、正义、公平等价值在内的人类优秀法律文化类型。一是内部控制文化推向观念文化。对于内部控制的理念、原则、方法体系的理解与运用，制度文化对观念文化具有保障、支持作用，制度完善可以推动观念的进一步形成和丰富。法治意识、诚信意识、风险意识、治理现代化理念、协同合作意识等贯穿于内部控制工作的全过程，是内部控制观念文化应有的内容。内部控制观念文化将决定一个单位内部控制工作的"高层基调"，通过逐步建设和形成内部控制观念文化，可以为单位内部控制工作营造良好的环境氛围，可以不断推进内部控制工作的持续开展与长效机制的不断完善，从而不断推动单位治理现代化进程。二是树立内部控制法律信仰。通过法治宣传学习与教育，形成法治意识、法治思维和规则意识，促进全员守法。三是践行法治文化，凝练内部控制文化。从法治理念、国家治理现代化理念、法治思维底线思维、规则意识、风险意识、系统意识、协同意识等方面探讨如何建立和形成内部控制工作文化，为内部控制工作创造良好

---

① 习近平. 高举中国特色社会主义伟大旗帜 为全面建设社会主义现代化国家而团结奋斗：在中国共产党第二十次全国代表大会上的报告［EB/OL］. 新华网，2022-10-25.

的文化氛围。对行政事业单位来说，要以法治文化为遵循，规范权力运行、提升内部控制体系管理水平。

最后，强化培训是涵养内部控制文化的必要措施。内部控制人才数量不够、素质不高的问题比较突出，各地对内部控制人才的需求都非常迫切。一是要树立全员培训理念。在培育多层次、多类型人才上有的放矢，在加强财力资源等扶持的同时，关注人力资源、智力资源、教育资源的帮扶，推动内部控制人才培养创新性发展。二是强化业务培训。对财务、审计、采购、资产、基建等不同业务部门人员开展培训。通过培训，养成遵守法律法规、政策文件、单位制度的规则意识，养成识别风险、判断风险、预防风险的风险意识，形成执行制度、遵守流程、协同合作的自觉意识。三是丰富培养形式。采取单位培训、专业机构培训、网上培训等多种形式对内部控制的领军人才、复合型人才、经营管理人才强化培训。四是要重知识积累与践行。内部控制工作需要内部控制知识的积累，更需要积极践行内部控制的理念与方法。特别是领导干部，不仅需要掌握具体的知识、技能、流程，更需要具有内部控制文化，重视和积极推动内部控制工作的开展，牢固树立先规范、后发展的经营理念，严禁违法违规办理业务。

参考文献

一、著作

[1] 中华人民共和国财政部. 行政事业单位内部控制规范（2017年版）[M]. 上海：立信会计出版社，2017.

[2] 财政部会计司，中国会计报社. 行政事业单位内部控制建设：理论与实践 [M]. 北京：经济科学出版社，2015.

二、期刊

[1] 陈芳. 政府改革背景下河北省行政事业单位内部控制研究 [J]. 广西质量监督导报，2020（07）.

[2] 祁辛. 行政事业单位财务预算管理困境及应对策略研究 [J]. 大众投资指南，2022（22）.

[3] 王晓娟. 财务监管背景下行政事业单位内部控制的优化思路研究 [J]. 财会学习，2023（28）.

[4] 华炯. 行政事业单位全面预算内部控制问题与措施 [J]. 投资与合作，2023（10）.

[5] 卜素. 行政事业单位加强内部控制管理的意义 [J]. 财会学习，2023（22）.

[6] 唐大鹏, 李鑫瑶, 刘永泽, 等. 国家审计推动完善行政事业单位内部控制的路径 [J]. 审计研究, 2015 (02).

[7] 唐彦林, 于玥辉. 新一轮行政体制改革的显著特征 [J]. 人民论坛, 2023 (13).

[8] 何峥嵘. 事业单位改革与服务型政府建设 [J]. 广西政法管理干部学院学报, 2017, 32 (04).

[9] 程莉娜. ERP视域下的公办幼儿园内部控制策略分析：基于西安市35所公办幼儿园的调查研究 [J]. 西安财经学院学报, 2016, 29 (05).

[10] 杨淑娥, 戴耀华, 樊明武. CSA：一个内部控制发展的前沿 [J]. 当代财经, 2006 (03).

[11] 余德贵. 行政事业单位内部控制制度的实施难点及突破 [J]. 商业会计, 2009 (01).

[12] 杨雄胜. 内部控制的性质与目标：来自演化经济学的观点 [J]. 会计研究, 2006 (11).

[13] 舒麟迪. 关于我国商业银行内部控制的分析 [J]. 河北农机, 2018 (06).

[14] 李梦洁. 事业单位的财务管理与内部控制 [J]. 纳税, 2023, 17 (27).

[15] 刘德建. 论应收账款管理中内部控制制度的建立 [J]. 中国集体经济, 2023 (29).

[16] 姚霞. 关于行政事业单位内部控制的思考与建议 [J]. 内蒙古科技与经济, 2023 (17).

[17] 刘莹. 公立医院内部控制建设现状及完善措施：以北京儿童医院为例 [J]. 财务与会计, 2022 (02).

[18] 林钟高, 金迪. 关系交易、内部控制质量与公允价值的选用：基

于投资性房地产视角的实证研究[J].财经理论与实践,2018,39(03).

[19]杨真真,唐大鹏."十四五"时期政府部门内部控制建设研究[J].财政科学,2021(10).

[20]孔佳佳.行政事业单位内部控制研究[J].行政事业资产与财务,2023(18).

[21]高娣.行政事业单位内部控制与风险管理[J].财会学习,2023(28).

[22]李英,刘国强.再论行政事业单位内部控制建设若干基本问题[J].财务与会计,2015(08).

[23]李娟,唐韶龙.行政事业单位内部控制发展现状及对策分析[J].经济研究参考,2017(61).

[24]孙惠,朱小芳.行政事业单位内部控制问题探究[J].财会通讯,2012(29).

[25]王会川.行政事业单位内部控制信息化建设路线探讨[J].经济研究参考,2017(34).

[26]刘丽,续慧泓.S省行政事业单位内部控制报告研究:基于内控编报情况分析[J].财务与会计,2023(03).

[27]张慧.行政事业单位内部控制制度建设问题及对策探讨[J].质量与市场,2023(18).

[28]李佳.行政事业单位内部控制和预算绩效管理探究[J].质量与市场,2023(16).

[29]钱晶晶.简述行政事业单位内部控制建设[J].中国国际财经(中英文),2017(22).

[30]罗飞.公共资产游离及其经济学分析[J].江西财经大学学报,2013(01).

[31] 何振一. 构建与完善财政内控体系的研究 [J]. 财政监督, 2005 (08).

[32] 杨民. 浅谈内部控制制度建设中制衡性原则的遵循 [J]. 管理观察, 2015 (32).

[33] 赵叶灵, 胡永波, 潘俊. 高校内部控制优化的框架构建与路径选择: 基于《行政事业单位内部控制报告》实施驱动视角 [J]. 财会通讯, 2023 (10).

[34] 孙珺玉. 关于推进行政事业单位内部控制体系建设的方法探究 [J]. 商讯, 2022 (26).

[35] 张佳. 行政事业单位内部控制中存在的问题与解决对策探讨 [J]. 财经界, 2023 (26).

[36] 罗秀娟. 行政事业单位内部控制的要素及实施机制探析 [J]. 商讯, 2022 (18).

[37] 邵宇. 浅析行政事业单位内部控制存在的问题及对策 [J]. 中国产经, 2023 (20).

[38] 柳光强, 周易思弘, 陈宸. 政府部门内部控制的实施路径探讨 [J]. 财政监督, 2016 (23).

三、其他

[1] 邵永华. 行政事业单位内部控制研究: 以 JS 省交通运输厅为例 [D]. 昆明: 云南财经大学, 2022.

[2] 李英. 行政事业单位行政行为内部控制框架体系研究 [D]. 大连: 东北财经大学, 2015.

[3] 肖奕. 行政事业单位内部控制优化路径研究: 以 N 海关为例 [D]. 南昌: 江西财经大学, 2023.

［4］中共中央 国务院印发《党和国家机构改革方案》.［EB/OL］.央广网，2023-03-17.

［5］关于印发《行政事业单位内部控制规范（试行）》的通知［EB/OL］.中华人民共和国财政部网，2012-12-17.

附录一

关于印发《行政事业单位内部控制规范（试行）》的通知 财会〔2012〕21号

第一章 总 则

第一条 为了进一步提高行政事业单位内部管理水平，规范内部控制，加强廉政风险防控机制建设，根据《中华人民共和国会计法》《中华人民共和国预算法》等法律法规和相关规定，制定本规范。

第二条 本规范适用于各级党的机关、人大机关、行政机关、政协机关、审判机关、检察机关、各民主党派机关、人民团体和事业单位（以下统称单位）经济活动的内部控制。

第三条 本规范所称内部控制，是指单位为实现控制目标，通过制定制度、实施措施和执行程序，对经济活动的风险进行防范和管控。

第四条 单位内部控制的目标主要包括：合理保证单位经济活动合法合规、资产安全和使用有效、财务信息真实完整，有效防范舞弊和预防腐败，提高公共服务的效率和效果。

第五条 单位建立与实施内部控制，应当遵循下列原则：

（一）全面性原则。内部控制应当贯穿单位经济活动的决策、执行和监督全过程，实现对经济活动的全面控制。

（二）重要性原则。在全面控制的基础上，内部控制应当关注单位重要经济活动和经济活动的重大风险。

（三）制衡性原则。内部控制应当在单位内部的部门管理、职责分工、业务流程等方面形成相互制约和相互监督。

（四）适应性原则。内部控制应当符合国家有关规定和单位的实际情况，并随着外部环境的变化、单位经济活动的调整和管理要求的提高，不断修订和完善。

第六条 单位负责人对本单位内部控制的建立健全和有效实施负责。

第七条 单位应当根据本规范建立适合本单位实际情况的内部控制体系，并组织实施。具体工作包括梳理单位各类经济活动的业务流程，明确业务环节，系统分析经济活动风险，确定风险点，选择风险应对策略，在此基础上根据国家有关规定建立健全单位各项内部管理制度并督促相关工作人员认真执行。

第二章 风险评估和控制方法

第八条 单位应当建立经济活动风险定期评估机制，对经济活动存在的风险进行全面、系统和客观评估。

经济活动风险评估至少每年进行一次；外部环境、经济活动或管理要求等发生重大变化的，应及时对经济活动风险进行重估。

第九条 单位开展经济活动风险评估应当成立风险评估工作小组，单位领导担任组长。

经济活动风险评估结果应当形成书面报告并及时提交单位领导班子，作为完善内部控制的依据。

第十条 单位进行单位层面的风险评估时，应当重点关注以下方面：

（一）内部控制工作的组织情况。包括是否确定内部控制职能部门或牵头部门；是否建立单位各部门在内部控制中的沟通协调和联动机制。

（二）内部控制机制的建设情况。包括经济活动的决策、执行、监督是否实现有效分离；权责是否对等；是否建立健全议事决策机制、岗位责任制、内部监督等机制。

（三）内部管理制度的完善情况。包括内部管理制度是否健全；执行是否有效。

（四）内部控制关键岗位工作人员的管理情况。包括是否建立工作人员的培训、评价、轮岗等机制；工作人员是否具备相应的资格和能力。

（五）财务信息的编报情况。包括是否按照国家统一的会计制度对经济业务事项进行账务处理；是否按照国家统一的会计制度编制财务会计报告。

（六）其他情况。

第十一条　单位进行经济活动业务层面的风险评估时，应当重点关注以下方面：

（一）预算管理情况。包括在预算编制过程中单位内部各部门间沟通协调是否充分，预算编制与资产配置是否相结合、与具体工作是否相对应；是否按照批复的额度和开支范围执行预算，进度是否合理，是否存在无预算、超预算支出等问题；决算编报是否真实、完整、准确、及时。

（二）收支管理情况。包括收入是否实现归口管理，是否按照规定及时向财会部门提供收入的有关凭据，是否按照规定保管和使用印章和票据等；发生支出事项时是否按照规定审核各类凭据的真实性、合法性，是否存在使用虚假票据套取资金的情形。

（三）政府采购管理情况。包括是否按照预算和计划组织政府采购业务；是否按照规定组织政府采购活动和执行验收程序；是否按照规定保存政府采购业务相关档案。

（四）资产管理情况。包括是否实现资产归口管理并明确使用责任；是否定期对资产进行清查盘点，对账实不符的情况及时进行处理；是否按照规定处置资产。

（五）建设项目管理情况。包括是否按照概算投资；是否严格履行审核审批程序；是否建立有效的招投标控制机制；是否存在截留、挤占、挪用、套取建设项目资金的情形；是否按照规定保存建设项目相关档案并及时办理移交手续。

（六）合同管理情况。包括是否实现合同归口管理；是否明确应签订合同的经济活动范围和条件；是否有效监控合同履行情况，是否建立合同纠纷协调机制。

（七）其他情况。

第十二条　单位内部控制的控制方法一般包括：

（一）不相容岗位相互分离。合理设置内部控制关键岗位，明确划分职责权限，实施相应的分离措施，形成相互制约、相互监督的工作机制。

（二）内部授权审批控制。明确各岗位办理业务和事项的权限范围、审批程序和相关责任，建立重大事项集体决策和会签制度。相关工作人员应当在授权范围内行使职权、办理业务。

（三）归口管理。根据本单位实际情况，按照权责对等的原则，采取成立联合工作小组并确定牵头部门或牵头人员等方式，对有关经济活动实行统一管理。

（四）预算控制。强化对经济活动的预算约束，使预算管理贯穿于单位经济活动的全过程。

（五）财产保护控制。建立资产日常管理制度和定期清查机制，采取资产记录、实物保管、定期盘点、账实核对等措施，确保资产安全完整。

（六）会计控制。建立健全本单位财会管理制度，加强会计机构建设，提高会计人员业务水平，强化会计人员岗位责任制，规范会计基础工作，加强会计档案管理，明确会计凭证、会计账簿和财务会计报告处理程序。

（七）单据控制。要求单位根据国家有关规定和单位的经济活动业务流程，在内部管理制度中明确界定各项经济活动所涉及的表单和票据，要求相关工作人员按照规定填制、审核、归档、保管单据。

（八）信息内部公开。建立健全经济活动相关信息内部公开制度，根据国家有关规定和单位的实际情况，确定信息内部公开的内容、范围、方式和程序。

第三章 单位层面内部控制

第十三条 单位应当单独设置内部控制职能部门或者确定内部控制牵头部门，负责组织协调内部控制工作。同时，应当充分发挥财会、内部审计、纪检监察、政府采购、基建、资产管理等部门或岗位在内部控制中的作用。

第十四条 单位经济活动的决策、执行和监督应当相互分离。

单位应当建立健全集体研究、专家论证和技术咨询相结合的议事决策机制。

重大经济事项的内部决策，应当由单位领导班子集体研究决定。重大经济事项的认定标准应当根据有关规定和本单位实际情况确定，一经确定，不得随意变更。

第十五条 单位应当建立健全内部控制关键岗位责任制，明确岗位职责及分工，确保不相容岗位相互分离、相互制约和相互监督。

单位应当实行内部控制关键岗位工作人员的轮岗制度，明确轮岗周期。不具备轮岗条件的单位应当采取专项审计等控制措施。

内部控制关键岗位主要包括预算业务管理、收支业务管理、政府采购业务管理、资产管理、建设项目管理、合同管理以及内部监督等经济活动的关键岗位。

第十六条 内部控制关键岗位工作人员应当具备与其工作岗位相适应的资格和能力。

单位应当加强内部控制关键岗位工作人员业务培训和职业道德教育，不断提升其业务水平和综合素质。

第十七条　单位应当根据《中华人民共和国会计法》的规定建立会计机构，配备具有相应资格和能力的会计人员。

单位应当根据实际发生的经济业务事项按照国家统一的会计制度及时进行账务处理、编制财务会计报告，确保财务信息真实、完整。

第十八条　单位应当充分运用现代科学技术手段加强内部控制。对信息系统建设实施归口管理，将经济活动及其内部控制流程嵌入单位信息系统中，减少或消除人为操纵因素，保护信息安全。

第四章　业务层面内部控制

第一节　预算业务控制

第十九条　单位应当建立健全预算编制、审批、执行、决算与评价等预算内部管理制度。

单位应当合理设置岗位，明确相关岗位的职责权限，确保预算编制、审批、执行、评价等不相容岗位相互分离。

第二十条　单位的预算编制应当做到程序规范、方法科学、编制及时、内容完整、项目细化、数据准确。

（一）单位应当正确把握预算编制有关政策，确保预算编制相关人员及时全面掌握相关规定。

（二）单位应当建立内部预算编制、预算执行、资产管理、基建管理、人事管理等部门或岗位的沟通协调机制，按照规定进行项目评审，确保预算编制部门及时取得和有效运用与预算编制相关的信息，根据工作计划细化预算编制，提高预算编制的科学性。

第二十一条　单位应当根据内设部门的职责和分工，对按照法定程序批复的预算在单位内部进行指标分解、审批下达，规范内部预算追加调整程序，发挥预算对经济活动的管控作用。

第二十二条 单位应当根据批复的预算安排各项收支，确保预算严格有效执行。

单位应当建立预算执行分析机制。定期通报各部门预算执行情况，召开预算执行分析会议，研究解决预算执行中存在的问题，提出改进措施，提高预算执行的有效性。

第二十三条 单位应当加强决算管理，确保决算真实、完整、准确、及时，加强决算分析工作，强化决算分析结果运用，建立健全单位预算与决算相互反映、相互促进的机制。

第二十四条 单位应当加强预算绩效管理，建立"预算编制有目标、预算执行有监控、预算完成有评价、评价结果有反馈、反馈结果有应用"的全过程预算绩效管理机制。

第二节 收支业务控制

第二十五条 单位应当建立健全收入内部管理制度。

单位应当合理设置岗位，明确相关岗位的职责权限，确保收款、会计核算等不相容岗位相互分离。

第二十六条 单位的各项收入应当由财会部门归口管理并进行会计核算，严禁设立账外账。

业务部门应当在涉及收入的合同协议签订后及时将合同等有关材料提交财会部门作为账务处理依据，确保各项收入应收尽收，及时入账。财会部门应当定期检查收入金额是否与合同约定相符；对应收未收项目应当查明情况，明确责任主体，落实催收责任。

第二十七条 有政府非税收入收缴职能的单位，应当按照规定项目和标准征收政府非税收入，按照规定开具财政票据，做到收缴分离、票款一致，并及时、足额上缴国库或财政专户，不得以任何形式截留、挪用或者私分。

第二十八条 单位应当建立健全票据管理制度。财政票据、发票等各类票据的申领、启用、核销、销毁均应履行规定手续。单位应当按照规定设置票据专管员，建立票据台账，做好票据的保管和序时登记工作。票据应当按照顺序号使用，不得拆本使用，做好废旧票据管理。负责保管票据的人员要配置单独的保险柜等保管设备，并做到人走柜锁。

单位不得违反规定转让、出借、代开、买卖财政票据、发票等票据，不得擅自扩大票据适用范围。

第二十九条 单位应当建立健全支出内部管理制度，确定单位经济活动的各项支出标准，明确支出报销流程，按照规定办理支出事项。

单位应当合理设置岗位，明确相关岗位的职责权限，确保支出申请和内部审批、付款审批和付款执行、业务经办和会计核算等不相容岗位相互分离。

第三十条 单位应当按照支出业务的类型，明确内部审批、审核、支付、核算和归档等支出各关键岗位的职责权限。实行国库集中支付的，应当严格按照财政国库管理制度有关规定执行。

（一）加强支出审批控制。明确支出的内部审批权限、程序、责任和相关控制措施。审批人应当在授权范围内审批，不得越权审批。

（二）加强支出审核控制。全面审核各类单据。重点审核单据来源是否合法，内容是否真实、完整，使用是否准确，是否符合预算，审批手续是否齐全。

支出凭证应当附反映支出明细内容的原始单据，并由经办人员签字或盖章，超出规定标准的支出事项应由经办人员说明原因并附审批依据，确保与经济业务事项相符。

（三）加强支付控制。明确报销业务流程，按照规定办理资金支付手续。

签发的支付凭证应当进行登记。使用公务卡结算的,应当按照公务卡使用和管理有关规定办理业务。

（四）加强支出的核算和归档控制。由财会部门根据支出凭证及时准确登记账簿;与支出业务相关的合同等材料应当提交财会部门作为账务处理的依据。

第三十一条　根据国家规定可以举借债务的单位应当建立健全债务内部管理制度,明确债务管理岗位的职责权限,不得由一人办理债务业务的全过程。大额债务的举借和偿还属于重大经济事项,应当进行充分论证,并由单位领导班子集体研究决定。

单位应当做好债务的会计核算和档案保管工作。加强债务的对账和检查控制,定期与债权人核对债务余额,进行债务清理,防范和控制财务风险。

第三节　政府采购业务控制

第三十二条　单位应当建立健全政府采购预算与计划管理、政府采购活动管理、验收管理等政府采购内部管理制度。

第三十三条　单位应当明确相关岗位的职责权限,确保政府采购需求制定与内部审批、招标文件准备与复核、合同签订与验收、验收与保管等不相容岗位相互分离。

第三十四条　单位应当加强对政府采购业务预算与计划的管理。建立预算编制、政府采购和资产管理等部门或岗位之间的沟通协调机制。根据本单位实际需求和相关标准编制政府采购预算,按照已批复的预算安排政府采购计划。

第三十五条　单位应当加强对政府采购活动的管理。对政府采购活动实施归口管理,在政府采购活动中建立政府采购、资产管理、财会、内部审计、纪检监察等部门或岗位相互协调、相互制约的机制。

单位应当加强对政府采购申请的内部审核,按照规定选择政府采购方式、发布政府采购信息。对政府采购进口产品、变更政府采购方式等事项应当加强内部审核，严格履行审批手续。

第三十六条　单位应当加强对政府采购项目验收的管理。根据规定的验收制度和政府采购文件，由指定部门或专人对所购物品的品种、规格、数量、质量和其他相关内容进行验收，并出具验收证明。

第三十七条　单位应当加强对政府采购业务质疑投诉答复的管理。指定牵头部门负责、相关部门参加，按照国家有关规定做好政府采购业务质疑投诉答复工作。

第三十八条　单位应当加强对政府采购业务的记录控制。妥善保管政府采购预算与计划、各类批复文件、招标文件、投标文件、评标文件、合同文本、验收证明等政府采购业务相关资料。定期对政府采购业务信息进行分类统计，并在内部进行通报。

第三十九条　单位应当加强对涉密政府采购项目安全保密的管理。对于涉密政府采购项目，单位应当与相关供应商或采购中介机构签订保密协议或者在合同中设定保密条款。

第四节　资产控制

第四十条　单位应当对资产实行分类管理，建立健全资产内部管理制度。

单位应当合理设置岗位，明确相关岗位的职责权限，确保资产安全和有效使用。

第四十一条　单位应当建立健全货币资金管理岗位责任制，合理设置岗位，不得由一人办理货币资金业务的全过程，确保不相容岗位相互分离。

（一）出纳不得兼管稽核、会计档案保管和收入、支出、债权、债务账目的登记工作。

（二）严禁一人保管收付款项所需的全部印章。财务专用章应当由专人保管，个人名章应当由本人或其授权人员保管。负责保管印章的人员要配置单独的保管设备，并做到人走柜锁。

（三）按照规定应当由有关负责人签字或盖章的，应当严格履行签字或盖章手续。

第四十二条 单位应当加强对银行账户的管理，严格按照规定的审批权限和程序开立、变更和撤销银行账户。

第四十三条 单位应当加强货币资金的核查控制。指定不办理货币资金业务的会计人员定期和不定期抽查盘点库存现金，核对银行存款余额，抽查银行对账单、银行日记账及银行存款余额调节表，核对是否账实相符、账账相符。对调节不符、可能存在重大问题的未达账项应当及时查明原因，并按照相关规定处理。

第四十四条 单位应当加强对实物资产和无形资产的管理，明确相关部门和岗位的职责权限，强化对配置、使用和处置等关键环节的管控。

（一）对资产实施归口管理。明确资产使用和保管责任人，落实资产使用人在资产管理中的责任。贵重资产、危险资产、有保密等特殊要求的资产，应当指定专人保管、专人使用，并规定严格的接触限制条件和审批程序。

（二）按照国有资产管理相关规定，明确资产的调剂、租借、对外投资、处置的程序、审批权限和责任。

（三）建立资产台账，加强资产的实物管理。单位应当定期清查盘点资产，确保账实相符。财会、资产管理、资产使用等部门或岗位应当定期对账，发现不符的，应当及时查明原因，并按照相关规定处理。

（四）建立资产信息管理系统，做好资产的统计、报告、分析工作，实现对资产的动态管理。

第四十五条 单位应当根据国家有关规定加强对对外投资的管理。

（一）合理设置岗位，明确相关岗位的职责权限，确保对外投资的可行性研究与评估、对外投资决策与执行、对外投资处置的审批与执行等不相容岗位相互分离。

（二）单位对外投资，应当由单位领导班子集体研究决定。

（三）加强对投资项目的追踪管理，及时、全面、准确地记录对外投资的价值变动和投资收益情况。

（四）建立责任追究制度。对在对外投资中出现重大决策失误、未履行集体决策程序和不按规定执行对外投资业务的部门及人员，应当追究相应的责任。

第五节 建设项目控制

第四十六条 单位应当建立健全建设项目内部管理制度。

单位应当合理设置岗位，明确内部相关部门和岗位的职责权限，确保项目建议和可行性研究与项目决策、概预算编制与审核、项目实施与价款支付、竣工决算与竣工审计等不相容岗位相互分离。

第四十七条 单位应当建立与建设项目相关的议事决策机制，严禁任何个人单独决策或者擅自改变集体决策意见。决策过程及各方面意见应当形成书面文件，与相关资料一同妥善归档保管。

第四十八条 单位应当建立与建设项目相关的审核机制。项目建议书、可行性研究报告、概预算、竣工决算报告等应当由单位内部的规划、技术、财会、法律等相关工作人员或者根据国家有关规定委托具有相应资质的中介机构进行审核，出具评审意见。

第四十九条 单位应当依据国家有关规定组织建设项目招标工作，并接受有关部门的监督。

单位应当采取签订保密协议、限制接触等必要措施，确保标底编制、评标等工作在严格保密的情况下进行。

第五十条　单位应当按照审批单位下达的投资计划和预算对建设项目资金实行专款专用，严禁截留、挪用和超批复内容使用资金。

财会部门应当加强与建设项目承建单位的沟通，准确掌握建设进度，加强价款支付审核，按照规定办理价款结算。实行国库集中支付的建设项目，单位应当按照财政国库管理制度相关规定支付资金。

第五十一条　单位应当加强对建设项目档案的管理。做好相关文件、材料的收集、整理、归档和保管工作。

第五十二条　经批准的投资概算是工程投资的最高限额，如有调整，应当按照国家有关规定报经批准。

单位建设项目工程洽商和设计变更应当按照有关规定履行相应的审批程序。

第五十三条　建设项目竣工后，单位应当按照规定的时限及时办理竣工决算，组织竣工决算审计，并根据批复的竣工决算和有关规定办理建设项目档案和资产移交等工作。

建设项目已实际投入使用但超时限未办理竣工决算的，单位应当根据对建设项目的实际投资暂估入账，转作相关资产管理。

第六节　合同控制

第五十四条　单位应当建立健全合同内部管理制度。

单位应当合理设置岗位，明确合同的授权审批和签署权限，妥善保管和使用合同专用章，严禁未经授权擅自以单位名义对外签订合同，严禁违规签订担保、投资和借贷合同。

单位应当对合同实施归口管理，建立财会部门与合同归口管理部门的沟通协调机制，实现合同管理与预算管理、收支管理相结合。

第五十五条　单位应当加强对合同订立的管理，明确合同订立的范围和条件。对于影响重大、涉及较高专业技术或法律关系复杂的合同，应当组织法律、技术、财会等工作人员参与谈判，必要时可聘请外部专家参与相关工作。谈判过程中的重要事项和参与谈判人员的主要意见，应当予以记录并妥善保管。

第五十六条 单位应当对合同履行情况实施有效监控。合同履行过程中，因对方或单位自身原因导致可能无法按时履行的，应当及时采取应对措施。

单位应当建立合同履行监督审查制度。对合同履行中签订补充合同，或变更、解除合同等应当按照国家有关规定进行审查。

第五十七条 财会部门应当根据合同履行情况办理价款结算和进行账务处理。未按照合同条款履约的，财会部门应当在付款之前向单位有关负责人报告。

第五十八条 合同归口管理部门应当加强对合同登记的管理，定期对合同进行统计、分类和归档，详细登记合同的订立、履行和变更情况，实行对合同的全过程管理。与单位经济活动相关的合同应当同时提交财会部门作为账务处理的依据。

单位应当加强合同信息安全保密工作，未经批准，不得以任何形式泄露合同订立与履行过程中涉及的国家秘密、工作秘密或商业秘密。

第五十九条 单位应当加强对合同纠纷的管理。合同发生纠纷的，单位应当在规定时效内与对方协商谈判。合同纠纷协商一致的，双方应当签订书面协议；合同纠纷经协商无法解决的，经办人员应向单位有关负责人报告，并根据合同约定选择仲裁或诉讼方式解决。

第五章 评价与监督

第六十条 单位应当建立健全内部监督制度，明确各相关部门或岗位在内部监督中的职责权限，规定内部监督的程序和要求，对内部控制建立与实施情况进行内部监督检查和自我评价。

内部监督应当与内部控制的建立和实施保持相对独立。

第六十一条　内部审计部门或岗位应当定期或不定期检查单位内部管理制度和机制的建立与执行情况，以及内部控制关键岗位及人员的设置情况等，及时发现内部控制存在的问题并提出改进建议。

第六十二条　单位应当根据本单位实际情况确定内部监督检查的方法、范围和频率。

第六十三条　单位负责人应当指定专门部门或专人负责对单位内部控制的有效性进行评价并出具单位内部控制自我评价报告。

第六十四条　国务院财政部门及其派出机构和县级以上地方各级人民政府财政部门应当对单位内部控制的建立和实施情况进行监督检查，有针对性地提出检查意见和建议，并督促单位进行整改。

国务院审计机关及其派出机构和县级以上地方各级人民政府审计机关对单位进行审计时，应当调查了解单位内部控制建立和实施的有效性，揭示相关内部控制的缺陷，有针对性地提出审计处理意见和建议，并督促单位进行整改。

第六章　附　则

第六十五条　本规范自 2014 年 1 月 1 日起施行。

附录二

财政部关于全面推进行政事业单位内部控制建设的指导意见 2015年12月21日 财会〔2015〕24号

内部控制是保障组织权力规范有序、科学高效运行的有效手段，也是组织目标实现的长效保障机制。自《行政事业单位内部控制规范（试行）》（财会〔2012〕21号，以下简称《单位内部控制规范》）发布实施以来，各行政事业单位积极推进内部控制建设，取得了初步成效。但也存在部分单位重视不够、制度建设不健全、发展水平不平衡等问题。党的十八届四中全会通过的《中共中央关于全面推进依法治国若干重大问题的决定》明确提出："对财政资金分配使用、国有资产监管、政府投资、政府采购、公共资源转让、公共工程建设等权力集中的部门和岗位实行分事行权、分岗设权、分级授权，定期轮岗，强化内部流程控制，防止权力滥用"，为行政事业单位加强内部控制建设指明了方向。为认真贯彻落实党的十八届四中全会精神，现对全面推进行政事业单位内部控制建设提出以下指导意见。

一、总体要求

（一）指导思想。高举中国特色社会主义伟大旗帜，认真贯彻落实党的十八大和十八届三中、四中、五中全会精神，深入贯彻习近平总书记系列重要讲话精神，全面推进行政事业单位内部控制建设，规范行政事业单位内部经济和业务活动，强化对内部权力运行的制约，防止内部权力滥用，建立健全科学高效的制约和监督体系，促进单位公共服务效能和内部治理水平不断提高，为实现国家治理体系和治理能力现代化奠定坚实基础、提供有力支撑。

（二）基本原则

1. 坚持全面推进。行政事业单位（以下简称单位）应当按照党的十八届四中全会决定关于强化内部控制的精神和《单位内部控制规范》的具体要求，全面建立、有效实施内部控制，确保内部控制覆盖单位经济和业务活动的全范围，贯穿内部权力运行的决策、执行和监督全过程，规范单位内部各层级的全体人员。

2. 坚持科学规划。单位应当科学运用内部控制机制原理，结合自身的业务性质、业务范围、管理架构，合理界定岗位职责、业务流程和内部权力运行结构，依托制度规范和信息系统，将制约内部权力运行嵌入内部控制的各个层级、各个方面、各个环节。

3. 坚持问题导向。单位应当针对内部管理薄弱环节和风险隐患，特别是涉及内部权力集中的财政资金分配使用、国有资产监管、政府投资、政府采购、公共资源转让、公共工程建设等重点领域和关键岗位，合理配置权责，细化权力运行流程，明确关键控制节点和风险评估要求，提高内部控制的针对性和有效性。

4. 坚持共同治理。充分发挥内部控制与其他内部监督机制的相互促进作用，形成监管合力，优化监督效果；充分发挥政府、单位、社会和市场的各自作用，各级财政部门要加强统筹规划、督促指导，主动争取审计、监察等部门的支持，共同推动内部控制建设及其有效实施；单位要切实履行内部控制建设的主体责任；要建立公平、公开、公正的市场竞争和激励机制，鼓励社会第三方参与单位内部控制建设和发挥外部监督作用，形成单位内部控制建设的合力。

（三）总体目标。以单位全面执行《单位内部控制规范》为抓手，以规范单位经济和业务活动有序运行为主线，以内部控制量化评价为导向，以信息系统为支撑，突出规范重点领域、关键岗位的经济和业务活动运行流程、制约措施，逐步将控制对象从经济活动层面拓展到全部业务活动和内部权力运行，到2020年，基本建成与国家治理体系和治理能力现代化相适应的，权责一致、制衡有效、运行顺畅、执行有力、管理科学的内部控制体系，更好发挥内部控制在提升内部治理水平、规范内部权力运行、促进依法行政、推进廉政建设中的重要作用。

二、主要任务

（一）健全内部控制体系，强化内部流程控制。单位应当按照内部控制要求，在单位主要负责人直接领导下，建立适合本单位实际情况的内部控制体系，全面梳理业务流程，明确业务环节，分析风险隐患，完善风险评估机制，制定风险应对策略；有效运用不相容岗位相互分离、内部授权审批控制、归口管理、预算控制、财产保护控制、会计控制、单据控制、信息内部公开等内部控制基本方法，加强对单位层面和业务层面的内部控制，实现内部控制体系全面、有效实施。

已经建立并实施内部控制的单位，应当按照本指导意见和《单位内部控制规范》要求，对本单位内部控制制度的全面性、重要性、制衡性、适应性和有效性进行自我评价、对照检查，并针对存在的问题，抓好整改落实，进一步健全制度，提高执行力，完善监督措施，确保内部控制有效实施。内部控制尚未建立或内部控制制度不健全的单位，必须于2016年年底前完成内部控制的建立和实施工作。

（二）加强内部权力制衡，规范内部权力运行。分事行权、分岗设权、分级授权和定期轮岗，是制约权力运行、加强内部控制的基本要求和有效措施。单位应当根据自身的业务性质、业务范围、管理架构，按照决策、执行、监督相互分离、相互制衡的要求，科学设置内设机构、管理层级、岗位职责权限、权力运行规程，切实做到分事行权、分岗设权、分级授权，并定期轮岗。分事行权，就是对经济和业务活动的决策、执行、监督，必须明确分工、相互分离、分别行权，防止职责混淆、权限交叉；分岗设权，就是对涉及经济和业务活动的相关岗位，必须依职定岗、分岗定权、权责明确，防止岗位职责不清、设权界限混乱；分级授权，就是对各管理层级和各工作岗位，必须依法依规分别授权，明确授权范围、授权对象、授权期限、授权与行权责任、一般授权与特殊授权界限，防止授权不当、越权办事。同时，对重点领域的关键岗位，在健全岗位设置、规范岗位管理、加强岗位胜任能力评估的基础上，通过明确轮岗范围、轮岗条件、轮岗周期、交接流程、责任追溯等要求，建立干部交流和定期轮岗制度，不具备轮岗条件的单位应当采用专项审计等控制措施。对轮岗后发现原工作岗位存在失职或违法违纪行为的，应当按国家有关规定追责。

（三）建立内部控制报告制度，促进内控信息公开。针对内部控制建立和实施的实际情况，单位应当按照《单位内部控制规范》的要求积极开展内部控制自我评价工作。单位内部控制自我评价情况应当作为部门决算报告和财务报告的重要组成内容进行报告。积极推进内部控制信息公开，通过面向单位内部和外部定期公开内部控制相关信息，逐步建立规范有序、及时可靠的内部控制信息公开机制，更好发挥信息公开对内部控制建设的促进和监督作用。

（四）加强监督检查工作，加大考评问责力度。监督检查和自我评价，是内部控制得以有效实施的重要保障。单位应当建立健全内部控制的监督检查和自我评价制度，通过日常监督和专项监督，检查内部控制实施过程中存在的突出问题、管理漏洞和薄弱环节，进一步改进和加强内部控制；通过自我评价，评估内部控制的全面性、重要性、制衡性、适应性和有效性，进一步改进和完善内部控制。同时，单位要将内部监督、自我评价与干部考核、追责问责结合起来，并将内部监督、自我评价结果采取适当的方式予以内部公开，强化自我监督、自我约束的自觉性，促进自我监督、自我约束机制的不断完善。

三、保障措施

（一）加强组织领导。各地区、各部门要充分认识全面推进行政事业单位内部控制建设的重要意义，把制约内部权力运行、强化内部控制，作为当前和今后一个时期的重要工作来抓，切实加强对单位内部控制建设的组织领导，建立健全由财政、审计、监察等部门参与的协调机制，协同推进内部控制建设和监督检查工作。同时，积极探索建立单位财务报告内部控制实施情况注册会计师审计制度，将单位内部控制建设纳入制度化、规范化轨道。

（二）抓好贯彻落实。单位要按照本指导意见确定的总体要求、主要任务和时间表，认真抓好内部控制建设，确保制度健全、执行有力、监督到位。单位主要负责人应当主持制定工作方案，明确工作分工，配备工作人员，健全工作机制，充分利用信息化手段，组织、推动本单位内部控制建设，并对建立与实施内部控制的有效性承担领导责任。

（三）强化督导检查。各级财政部门要加强对单位内部控制建立与实施情况的监督检查，公开监督检查结果，并将监督检查结果、内部控制自我评价情况和注册会计师审计情况作为安排财政预算、实施预算绩效评价与中期财政规划的参考依据。同时，加强与审计、监察等部门的沟通协调和信息共享，形成监督合力，避免重复检查。

（四）深入宣传教育。各地区、各部门、各单位要加大宣传教育力度，广泛宣传制约内部权力运行、强化内部控制的必要性和紧迫性，广泛宣传相关先进经验和典型做法，引导单位广大干部职工自觉提高风险防范和抵制权力滥用意识，确保权力规范有序运行。同时，要加强对单位领导干部和工作人员有关制约内部权力运行、强化内部控制方面的教育培训，为全面推进行政事业单位内部控制建设营造良好的环境和氛围。

附录三

财政部关于开展行政事业单位内部控制基础性评价工作的通知 2016年6月24日 财会〔2016〕11号

按照《财政部关于全面推进行政事业单位内部控制建设的指导意见》（财会〔2015〕24号，以下简称《指导意见》）要求，行政事业单位（以下简称单位）应于2016年年底前完成内部控制的建立与实施工作。在行政事业单位范围内全面开展内部控制建设工作，是贯彻落实党的十八届四中全会通过的《中共中央关于全面推进依法治国若干重大问题的决定》的一项重要改革举措。按照中央提出的以钉钉子精神抓好改革落实的要求，为进一步指导和促进各单位有效开展内部控制建立与实施工作，切实落实好《指导意见》，财政部决定以量化评价为导向，开展单位内部控制基础性评价工作。现将有关事项通知如下：

一、工作目标

内部控制基础性评价，是指单位在开展内部控制建设之前，或在内部控制建设的初期阶段，对单位内部控制基础情况进行的"摸底"评价。通过开展内部控制基础性评价工作，一方面，明确单位内部控制的基本要求和重点内容，使各单位在内部控制建设过程中能够做到有的放矢、心中有数，围绕重点工作开展内部控制体系建设。另一方面，旨在发现单位现有内部控制基础的不足之处和薄弱环节，有针对性地建立健全内部控制体系，通过"以评促建"的方式，推动各单位于2016年年底前如期完成内部控制建立与实施工作。

二、基本原则

（一）坚持全面性原则。内部控制基础性评价应当贯穿于单位的各个层级，确保对单位层面和业务层面各类经济业务活动的全面覆盖，综合反映单位的内部控制基础水平。

（二）坚持重要性原则。内部控制基础性评价应当在全面评价的基础上，重点关注重要业务事项和高风险领域，特别是涉及内部权力集中的重点领域和关键岗位，着力防范可能产生的重大风险。各单位在选取评价样本时，应根据本单位实际情况，优先选取涉及金额较大、发生频次较高的业务。

（三）坚持问题导向原则。内部控制基础性评价应当针对单位内部管理薄弱环节和风险隐患，特别是已经发生的风险事件及其处理整改情况，明确单位内部控制建立与实施工作的方向和重点。

（四）坚持适应性原则。内部控制基础性评价应立足于单位的实际情况，与单位的业务性质、业务范围、管理架构、经济活动、风险水平及其所处的内外部环境相适应，并采用以单位的基本事实作为主要依据的客观性指标进行评价。

三、工作安排

（一）组织动员。各地区、各部门应当于2016年7月中旬，全面启动本地区（部门）单位内部控制基础性评价工作，研究制订实施方案，广泛动员、精心组织所辖各单位积极开展内部控制基础性评价工作。

（二）开展评价。各单位应当于2016年9月底前，按照《指导意见》的要求，以《行政事业单位内部控制规范（试行）》（财会〔2012〕21号）为依据，在单位主要负责人的直接领导下，按照《行政事业单位内部控制基础性评价指标评分表》及其填表说明（见附件1和附件2），组织开展内部控制基础性评价工作。

除行政事业单位内部控制基础性评价指标体系外，各地区、各部门、各单位也可根据自身性质及业务特点，在评价过程中增加其他与单位内部控制目标相关的评价指标，作为补充评价指标纳入评价范围。补充指标的所属类别、名称、评价要点及评价结果等内容作为特别说明项在《行政事业单位内部控制基础性评价报告》（参考格式见附件3）中单独说明。

（三）评价报告及其使用。各单位应将包括评价得分、扣分情况、特别说明项及下一步工作安排等内容在内的内部控制基础性评价报告向单位主要负责人汇报，以明确下一步单位内部控制建设的重点和改进方向，确保在2016年年底前顺利完成内部控制建立与实施工作。各单位可以将本单位内部控制基础性评价得分与同类型其他单位进行横向对比，通过对比发现本单位内部控制建设的不足和差距，并有针对性地加以改进，进一步提高内部控制水平和效果。

各级财政部门要加强对单位内部控制基础性评价工作的统筹规划和督促指导。各地区、各部门可以对所辖单位内部控制基础性评价得分进行比较，全面推进所辖单位开展内部控制建立与实施工作。

各中央部门应当在部门本级及各所属单位内部控制基础性评价工作的基础上，对本部门的内部控制基础情况进行综合性评价，形成本部门的内部控制基础性评价报告（参考格式见附件3），作为2016年决算报告的重要组成部分向财政部报告。

（四）总结经验。各地区、各部门应当于2016年12月31日前，向财政部（会计司）报送单位内部控制基础性评价工作总结报告。总结报告内容包括本地区（部门）开展单位内部控制基础性评价工作的经验做法、取得的成效、存在的问题、工作建议及可复制、可推广的典型案例等。

对于具有较高推广价值和借鉴意义的典型案例，财政部将组织有关媒体进行宣传报道，并将其纳入行政事业单位内部控制建设案例库，供各地区、各部门、各单位学习交流。

四、有关要求

（一）强化组织领导。各地区、各部门要切实加强对本地区（部门）单位内部控制基础性评价工作的组织领导，成立领导小组，制定实施方案，做好前期部署、部门协调、进度跟踪、指导督促、宣传报道、信息报送等工作，确保所辖单位全面完成内部控制基础性评价工作，通过"以评促建"的方式推动本地区（部门）单位内部控制水平的整体提升。

（二）加强监督检查。各单位应当按照本通知规定的格式和要求，开展内部控制基础性评价工作，确保评价结果真实有效。各地区、各部门应加强对本地区（部门）单位内部控制基础性评价工作进展情况和评价结果的监督检查。对工作进度迟缓、改进措施不到位的单位，应督促其调整改进；对在评价过程中弄虚作假、评价结果不真实的单位，一经查实，应严肃追究相关单位和人员的责任；对评价工作中遇到的问题和困难，应及时协调解决。

（三）加强宣传推广和经验交流。各地区、各部门要加大对单位内部控制基础性评价工作及其成果的宣传推广力度，充分利用报刊、电视、广播、网络、微信等媒体资源，进行多层次、全方位的持续宣传报道。同时，组织选取具有代表性的先进单位，通过召开经验交流会、现场工作会等形式，推广先进经验与做法，发挥先进单位的示范带头作用。

附录四

关于印发《行政事业单位内部控制报告管理制度（试行）》的通知财会〔2017〕1号

第一章 总 则

第一条 为贯彻落实党的十八届四中全会通过的《中共中央关于全面推进依法治国若干重大问题的决定》的有关精神，进一步加强行政事业单位内部控制建设，规范行政事业单位内部控制报告的编制、报送、使用及报告信息质量的监督检查等工作，促进行政事业单位内部控制信息公开，提高行政事业单位内部控制报告质量，根据《财政部关于全面推进行政事业单位内部控制建设的指导意见》（财会〔2015〕24号，以下简称《指导意见》）和《行政事业单位内部控制规范（试行）》（财会〔2012〕21号，以下简称《单位内部控制规范》）等，制定本制度。

第二条 本制度适用于所有行政事业单位。

本制度所称行政事业单位包括各级党的机关、人大机关、行政机关、政协机关、审判机关、检察机关、各民主党派机关、人民团体和事业单位。

第三条 本制度所称内部控制报告，是指行政事业单位在年度终了，结合本单位实际情况，依据《指导意见》和《单位内部控制规范》，按照本制度规定编制的能够综合反映本单位内部控制建立与实施情况的总结性文件。

第四条 行政事业单位编制内部控制报告应当遵循下列原则：

（一）全面性原则。内部控制报告应当包括行政事业单位内部控制的建立与实施、覆盖单位层面和业务层面各类经济业务活动，能够综合反映行政事业单位的内部控制建设情况。

（二）重要性原则。内部控制报告应当重点关注行政事业单位重点领域和关键岗位，突出重点、兼顾一般，推动行政事业单位围绕重点开展内部控制建设，着力防范可能产生的重大风险。

（三）客观性原则。内部控制报告应当立足于行政事业单位的实际情况，坚持实事求是，真实、完整地反映行政事业单位内部控制建立与实施情况。

（四）规范性原则。行政事业单位应当按照财政部规定的统一报告格式及信息要求编制内部控制报告，不得自行修改或删减报告及附表格式。

第五条 行政事业单位是内部控制报告的责任主体。

单位主要负责人对本单位内部控制报告的真实性和完整性负责。

第六条 行政事业单位应当根据本制度，结合本单位内部控制建立与实施的实际情况，明确相关内设机构、管理层级及岗位的职责权限，按照规定的方法、程序和要求，有序开展内部控制报告的编制、审核、报送、分析使用等工作。

第七条 内部控制报告编报工作按照"统一部署、分级负责、逐级汇总、单向报送"的方式，由财政部统一部署，各地区、各垂直管理部门分级组织实施并以自下而上的方式逐级汇总，非垂直管理部门向同级财政部门报送，各行政事业单位按照行政管理关系向上级行政主管部门单向报送。

第二章 内部控制报告编报工作的组织

第八条 财政部负责组织实施全国行政事业单位内部控制报告编报工作。其职责主要是制定行政事业单位内部控制报告的有关规章制度及全国统一的行政事业单位内部控制报告格式，布置全国行政事业单位内部控制年度报告编报工作并开展相关培训，组织和指导全国行政事业单位内部控制报告的收集、审核、汇总、报送、分析使用，组织开展全国行政事业单位内部控制报告信息质量的监督检查工作，组织和指导全国行政事业单位内部控制考核评价工作，建立和管理全国行政事业单位内部控制报告数据库等工作。

第九条　地方各级财政部门负责组织实施本地区行政事业单位内部控制报告编报工作，并对本地区内部控制汇总报告的真实性和完整性负责。其职责主要是布置本地区行政事业单位内部控制年度报告编报工作并开展相关培训，组织和指导本地区行政事业单位内部控制报告的收集、审核、汇总、报送、分析使用，组织和开展本地区行政事业单位内部控制报告信息质量的监督检查工作，组织和指导本地区行政事业单位内部控制考核评价工作，建立和管理本地区行政事业单位内部控制报告数据库等工作。

第十条　各行政主管部门（以下简称各部门）应当按照财政部门的要求，负责组织实施本部门行政事业单位内部控制报告编报工作，并对本部门内部控制汇总报告的真实性和完整性负责。其职责主要是布置本部门行政事业单位内部控制年度报告编报工作并开展相关培训，组织和指导本部门行政事业单位内部控制报告的收集、审核、汇总、报送、分析使用，组织和开展本部门行政事业单位内部控制报告信息质量的监督检查工作，组织和指导本部门行政事业单位内部控制考核评价工作，建立和管理本部门行政事业单位内部控制报告数据库。

第三章　行政事业单位内部控制报告的编制与报送

第十一条　年度终了，行政事业单位应当按照本制度的有关要求，根据本单位当年内部控制建设工作的实际情况及取得的成效，以能够反映内部控制工作基本事实的相关材料为支撑，按照财政部发布的统一报告格式编制内部控制报告，经本单位主要负责人审批后对外报送。

第十二条　行政事业单位能够反映内部控制工作基本事实的相关材料一

般包括内部控制领导机构会议纪要、内部控制制度及流程图、内部控制检查报告、内部控制培训会相关材料等。

第十三条 行政事业单位应当在规定的时间内,向上级行政主管部门报送本单位内部控制报告及能够反映本单位内部控制工作基本事实的相关材料。

第四章 部门行政事业单位内部控制报告的编制与报送

第十四条 各部门应当在所属行政事业单位上报的内部控制报告和部门本级内部控制报告的基础上,汇总形成本部门行政事业单位内部控制报告。

第十五条 各部门汇总的行政事业单位内部控制报告应当以所属行政事业单位上报的信息为准,不得虚报、瞒报和随意调整。

第十六条 各部门应当在规定的时间内,向同级财政部门报送本部门行政事业单位内部控制报告。

第五章 地区行政事业单位内部控制报告的编制与报送

第十七条 地方各级财政部门应当在下级财政部门上报的内部控制报告和本地区部门内部控制报告的基础上,汇总形成本地区行政事业单位内部控制报告。

第十八条 地方各级财政部门汇总的本地区行政事业单位内部控制报告应当以本地区部门和下级财政部门上报的信息为准,不得虚报、瞒报和随意调整。

第十九条 地方各级财政部门应当在规定的时间内,向上级财政部门逐级报送本地区行政事业单位内部控制报告。

第六章 行政事业单位内部控制报告的使用

第二十条 行政事业单位应当加强对本单位内部控制报告的使用,通过对内部控制报告中反映的信息进行分析,及时发现内部控制建设工作中存在的问题,进一步健全制度,提高执行力,完善监督措施,确保内部控制有效实施。

第二十一条　各地区、各部门应当加强对行政事业单位内部控制报告的分析，强化分析结果的反馈和使用，切实规范和改进财政财务管理，更好发挥对行政事业单位内部控制建设的促进和监督作用。

第七章　行政事业单位内部控制报告的监督检查

第二十二条　各地区、各部门汇总的内部控制报告报送后，各级财政部门、各部门应当组织开展对所报送的内部控制报告内容的真实性、完整性和规范性的监督检查。

第二十三条　行政事业单位内部控制报告信息质量的监督检查工作采取"统一管理、分级实施"原则。中央部门内部控制报告信息质量监督检查工作由财政部组织实施，各地区行政事业单位内部控制报告信息质量监督检查工作由同级财政部门按照统一的工作要求分级组织实施，各部门所属行政事业单位内部控制报告信息质量监督检查由本部门组织实施。

第二十四条　行政事业单位内部控制报告信息质量的监督检查应按规定采取适当的方式来确定对象，并对内部控制报告存在明显质量问题或以往年份监督检查不合格单位进行重点核查。

第二十五条　各地区、各部门应当认真组织落实本地区（部门）的行政事业单位内部控制报告编报工作，加强对内部控制报告编报工作的考核。

第二十六条　行政事业单位应当认真、如实编制内部控制报告，不得漏报、瞒报有关内部控制信息，更不得编造虚假内部控制信息。单位负责人不得授意、指使、强令相关人员提供虚假内部控制信息，不得对拒绝、抵制编造虚假内部控制信息的人员进行打击报复。

第二十七条　对于违反规定、提供虚假内部控制信息的单位及相关负责人，按照《中华人民共和国会计法》《中华人民共和国预算法》《财政违法行为处罚处分条例》等有关法律法规规定追究责任。

各级财政部门及其工作人员在行政事业单位内部控制报告管理工作中，存在滥用职权、玩忽职守、徇私舞弊等违法违纪行为的，按照《公务员法》《行政监察法》《财政违法行为处罚处分条例》等国家有关规定追究相应责任。涉嫌犯罪的，移送司法机关处理。

第八章 附 则

第二十八条 各地区、各部门可依据本制度，结合工作实际，制定相应的实施细则。

第二十九条 本制度自 2017 年 3 月 1 日起施行。

附录五

2022 年度行政事业单位
内部控制报告

（单位公章）

单 位 名 称：_____
单 位 负 责 人：_____（签章）_____
分管内控负责人：_____（签章）_____
牵头部门负责人：_____（签章）_____
填 表 人：_____（签章）_____
填 表 部 门：_____
电 话 号 码：_____
单 位 地 址：_____
邮 政 编 码：_____
报 送 日 期：_____ 年 月 日

财政部
2023 年 制

填 报 须 知

1. 2022年度行政事业单位内部控制报告分为正文和附表两个部分。

2. 各单位根据《行政事业单位内部控制规范（试行）》，在本报告中如实填写本单位经济活动所涉及的预算、收支、政府采购、资产、建设项目、合同等业务的内部控制建设情况，不包括人事、党建等领域的内部控制情况。

3. 各单位应在2022年度行政事业单位内部控制报告系统中填报相关内容，系统自动生成"2022年度行政事业单位内部控制报告"。

4. 单位名称填列单位的全称，各级主管部门填报本级报告时，应在单位名称后加"（本级）"。

5. 报告中的年、月、日一律用公历和阿拉伯数字表示。

6. 电话号码处填写填表人的联系电话号码。

7. 报送日期填写单位负责人审批通过内部控制报告的时间。

8. 填写前请认真阅读填报须知和附表内每一事项表格下方的填写说明。

9. 本报告应当按照规定进行脱敏脱密处理，严禁报送涉密信息，敏感信息通过光盘报送。

为贯彻落实《财政部关于全面推进行政事业单位内部控制建设的指导意见》（财会〔2015〕24号）的有关精神，依据《行政事业单位内部控制规范（试行）》（财会〔2012〕21号）和《行政事业单位内部控制报告管理制度（试行）》（财会〔2017〕1号）的有关规定，现将本单位2022年度内部控制工作情况报告如下：

一、单位内部控制工作的基本情况

（一）内部控制机构设置与运行情况。

（二）内部控制工作的组织实施情况。

（三）内部控制制度建设与执行情况。

（四）内部控制评价与监督情况。

二、单位存在的内部控制问题及其整改情况

（一）2022年度单位内部控制评价发现问题及其整改情况。

（二）2022年度单位巡视、纪检监察、审计等工作发现的与内部控制相关问题及其整改情况。

三、单位内部控制报告审核情况

（一）报告材料的规范性。

报告材料是否完整，数据填列是否齐全并符合填报要求，报送手续是否齐全。

（二）上下年度数据变动合理性。

上下年度数据衔接是否一致，变动是否合理，差异过大应当说明。

（三）业务数据的准确性。

有关业务数据与决算报表、国有资产报表等同口径数据是否保持一致。

（四）数值型指标的合理性。

数值型指标是否存在不合理的异常值。

四、单位内部控制工作的经验做法和取得的成效

（一）单位在推动内部控制工作中总结出的有关经验做法。

（二）单位建立与实施内部控制后取得的有关成效。

1. 在提升单位内部控制意识及管理水平方面的成效。

2. 在预算业务、收支业务、政府采购业务、资产管理、建设项目管理及合同管理六大经济业务领域方面的成效。

3. 在内部控制评价监督方面的成效。

4. 内部控制报告的应用领域和成效。

五、有关意见建议

本单位对行政事业单位内部控制工作的意见建议。

附表

一、单位基本情况

组织机构代码	□□□□□□□□□	基本性质	□□
预算级次	□	预算管理级次	□□
支出功能分类		年末在职人数	
所在地区	□□□□□□	隶属关系	□□□□□□-□□□
财政预算代码	□□□□□□□□□□□□□□□□□□□□□		

说明：组织机构代码根据各级技术监督部门核发的机关、团体、事业单位代码证书规定的9位码填列。单位如已取得统一社会信用代码，需按统一社会信用代码第9~17位信息填列。

单位预算级次填列部门和单位按照预算管理权限和经费领拨关系所确定的预算级次，与部门决算封面上预算级次一致。非预算单位此项填报"无"。

预算管理级次按单位预算分级管理的级次选择填列。非预算单位填报"90.非预算单位"。

支出功能分类填列部门决算《支出决算表》（财决04表）中涉及金额最多的支出功能分类科目。

年末在职人数填列在政府编制管理部门核定的编制内、由单位人事部门管理的实有年末在职人数，与部门决算《基本数字表》（财决附02表）第4栏合计数一致，即"年末实有人数"中"人员总计"的"在职人员"合计数。

所在地区以6位代码表示，根据国家标准《中华人民共和国行政区划代码》（GB/T 2260—2007）填列。

隶属关系以9位代码表示，前6位中央单位均填零，地方单位填行政区划代码。后3位为部门标识码，根据国家标准《中央党政机关、人民团体及其他机构名称代码》（GB/T 4657—2009）填列。

单位财政预算代码即预算管理一体化系统中的单位代码，中央一级预算单位按财政部编制的3位代码填列，二级预算单位为6位代码，前3位填列其一级预算单位编码，后3位由一级预算单位从001~799依次自行编制，三级以下预算单位以此类推。地方单位的财政预算代码应与部门预算代码一致。非预算单位此项不需填报。

二、单位层面内部控制情况

（一）内部控制机构组成情况

单位是否成立内部控制领导小组	是□ 否□	单位是否成立内部控制工作小组	是□ 否□
单位内部控制领导小组负责人	单位主要负责人□ 分管财务领导□ 其他分管领导□ 姓名：_____ 职务：_____		
内部控制建设牵头部门	行政管理部门□　财务部门□　内审部门□ 纪检监察部门□　其他部门□　未设置□		
内部控制评价与监督部门	行政管理部门□　财务部门□　内审部门□ 纪检监察部门□　其他部门□　未设置□		

说明：需上传成立内部控制相关机构的制度文件作为佐证材料。

（二）内部控制机构运行情况

2022年度单位召开内部控制领导小组会议次数_____	2022年度单位开展内部控制相关培训次数_____
2022年度单位层面内部控制风险评估覆盖情况	组织架构：□　运行机制：□　关键岗位：□ 制度体系：□　信息系统：□　未评估：□

续表

2022年度单位是否开展内部控制评价	是□ 否□	2022年度单位内部控制评价结果应用领域	作为完善内部管理制度的依据□ 作为绩效管理的依据□ 作为监督问责的参考依据□ 作为领导干部选拔任用的参考□ 其他领域□ 未应用□

说明：内部控制领导小组会议包括内部控制专题会议或与内部控制工作相关的会议。需上传内部控制领导小组会议纪要作为佐证材料。

内部控制相关培训包括内部控制专题培训或将内部控制作为议题之一的相关培训。需上传内部控制培训通知或纪要等作为佐证材料。

2022年度单位层面内部控制风险评估覆盖情况根据2022年度单位组织开展或委托第三方开展单位层面风险评估工作以及出具的风险评估报告或其他文件，逐项勾选已进行内部控制风险评估的方面。需上传风险评估报告等材料作为佐证材料。

内部控制评价是指单位自行或者委托第三方对单位内部控制体系建立与实施情况评价并出具评价报告。需上传内部控制评价报告作为佐证材料。

（三）规范权力运行情况

单位是否建立健全分事行权、分岗设权、分级授权机制	是□ 否□
单位是否建立关键岗位干部交流或定期轮岗机制，并明确不具备条件轮岗的实行专项审计	是□ 否□
单位是否针对"三重一大"事项建立集体议事决策机制	是□ 否□

说明：分事行权是指对单位经济活动和业务活动的决策、执行、监督，应当明确分工、相互分离、分别行权；分岗设权是指对涉及经济活动、业务活动的相关岗位，应当依职定岗、分岗定权、权责明确；分级授权是指对单位各管理层级和相关岗位，应当明确授权范围、授权对象、授权期限、授权与行权责任、一般授权与特殊授

权界限。

单位应当按照有关规定对关键岗位人员实行轮岗交流，明确轮岗范围、轮岗周期与轮岗方式，不具备轮岗条件的可以采用专项审计等替代措施。需上传定期轮岗（或专项审计）相关制度。

"三重一大"是指重大事项决策、重要干部任免、重要项目安排、大额度资金的使用。

（四）内部控制相关问题整改情况

2022年度单位内部控制评价发现问题整改情况	问题总数：_____已完成整改问题数量：_____ 正在进行整改问题数量：_____未整改问题数量：_____
2022年度单位巡视发现与内部控制相关问题整改情况	问题总数：_____已完成整改问题数量：_____ 正在进行整改问题数量：_____未整改问题数量：_____
2022年度单位纪检监察发现与内部控制相关问题整改情况	问题总数：_____已完成整改问题数量：_____ 正在进行整改问题数量：_____未整改问题数量：_____
2022年度单位审计发现与内部控制相关问题整改情况	问题总数：_____已完成整改问题数量：_____ 正在进行整改问题数量：_____未整改问题数量：_____

说明：2022年度单位内部控制评价发现问题整改情况根据内部控制评价报告和整改文件及成果等内容填写。

2022年度单位巡视发现与内部控制相关问题整改情况根据各类巡视报告及巡视整改工作报告等内容填写，仅填列与内部控制相关的问题。

2022年度单位纪检监察发现与内部控制相关问题整改情况根据单位纪检监察报告及整改工作报告等内容填写，仅填列与内部控制相关的问题。

2022年度单位审计发现与内部控制相关问题整改情况根据各类审计报告及整改工作报告等内容填写，仅填列与内部控制相关的问题。

（五）政府会计改革

单位是否执行政府会计准则制度	是□ 否□	2022年度单位是否按照政府会计准则制度要求开展预算会计核算和财务会计核算	是□ 否□
2022年度单位是否对固定资产和无形资产计提折旧或摊销	是□ 否□	2022年度编制政府部门财务报告时，部门及所属单位之间发生的经济业务或事项是否在抵销前进行确认	是□ 否□ 不适用□
单位是否将基本建设投资、公共基础设施、保障性住房、政府储备物资、国有文物文化资产等纳入统一账簿进行会计核算	基本建设投资：是□　否□　不适用□ 公共基础设施：是□　否□　不适用□ 保障性住房：是□　否□　不适用□ 政府储备物资：是□　否□　不适用□ 国有文物文化资产：是□　否□　不适用□		
单位是否开展财务报告数据的分析与应用	是□ 否□		

说明：单位应当按照国家统一的会计准则制度进行账务处理，编制会计报表，并建立健全会计核算过程和财务报告编制环节的内部控制制度。

2022年度单位是否按照政府会计准则制度要求开展预算会计核算和财务会计核算根据单位年度预算会计核算和财务会计核算情况勾选。

编制2022年度政府部门财务报告时，部门及所属单位之间发生的经济业务或事项是否在抵销前进行确认，根据2022年度政府部门财务报告编制过程中的内部抵销情况勾选。若单位不存在内部抵销事项，则勾选"不适用"。

单位是否将基本建设投资、公共基础设施、保障性住房、政府储备物资、国有文物文化资产等纳入统一账簿进行会计核算，根据单位基本建设投资、公共基础设施、保障性住房、政府储备物资、国有文物文化资产核算实际情况勾选。若单位不存在相关业务，则勾选"不适用"。

三、业务层面内部控制情况

（一）内部控制适用的六大经济业务领域

预算业务	适用□ 不适用□	收支业务	适用□ 不适用□
政府采购业务	适用□ 不适用□	资产管理	适用□ 不适用□
建设项目管理	适用□ 不适用□	合同管理	适用□ 不适用□
内部控制适用的其他业务领域			

说明：如单位适用某项经济业务，但2022年度该业务实际未发生，也应勾选"适用"。对于不适用的业务领域，应在佐证材料中加以说明或提供支撑材料，如加盖单位公章的说明材料等。

政府采购是指各级国家机关、事业单位和团体组织，使用财政性资金采购依法制定的集中采购目录以内的或者采购限额标准以上的货物、工程和服务的行为。单位使用财政性资金采购的集中采购目录以外和采购限额标准以下的货物、工程和服务，即自行采购业务可比照政府采购业务控制程序执行。

建设项目是指单位自行或委托其他单位进行的建造、安装活动。建造活动主要是指各种建筑的新建、改建、扩建及修缮活动，安装主要是指设备的安装工程。

若内部控制建设覆盖六大业务领域以外的其他业务，可填写具体业务名称。

（二）职责分离情况

预算业务	收支业务	政府采购业务	资产管理	建设项目管理	合同管理
是否制定岗位职责说明书 是□ 否□	是否制定岗位职责说明书 是□ 否□	是否制定岗位职责说明书 是□ 否□	是否制定岗位职责说明书 是□ 否□	是否制定岗位职责说明书 是□ 否□	是否制定岗位职责说明书 是□ 否□

续表

预算业务	收支业务	政府采购业务	资产管理	建设项目管理	合同管理
预算编制与审核分离 是□ 否□	收款与会计核算分离 是□ 否□	采购需求提出与审核分离 是□ 否□	货币资金保管、稽核与账目登记分离 是□ 否□	项目立项申请与审核分离 是□ 否□	合同拟订与审核分离 是□ 否□
预算审批与执行分离 是□ 否□	支出申请与审批分离 是□ 否□	采购方式确定与审核分离 是□ 否□	资产财务账与实物账分离 是□ 否□	概预算编制与审核分离 是□ 否□	合同订立与合同章管理分离 是□ 否□
预算执行与分析分离 是□ 否□	支出审批与付款分离 是□ 否□	采购执行与验收分离 是□ 否□	资产保管与清查分离 是□ 否□	项目实施与价款支付分离 是□ 否□	合同订立与登记台账分离 是□ 否□
决算编制与审核分离 是□ 否□	业务经办与会计核算分离 是□ 否□	采购验收与登记分离 是□ 否□	对外投资立项申报与审核分离 是□ 否□	竣工决算与审计分离 是□ 否□	合同执行与监督分离 是□ 否□

说明：职责分离是指对于各业务环节中的不相容职责，不得由同一人员承担。需上传岗位职责说明书等作为佐证材料。使用网络版填报的单位，若以前年度已经上传过相应佐证材料，则无须再次上传；若以前年度未上传或第一年使用网络版填报，则需上传相应佐证材料。使用单机版填报的单位，需上传相应佐证材料。

（三）关键岗位轮岗情况

预算业务	轮岗周期内所有关键岗位已轮岗或开展专项审计□ 轮岗周期内部分关键岗位已轮岗或开展专项审计□ 轮岗周期内所有关键岗位未进行轮岗且未开展专项审计□
收支业务	轮岗周期内所有关键岗位已轮岗或开展专项审计□ 轮岗周期内部分关键岗位已轮岗或开展专项审计□ 轮岗周期内所有关键岗位未进行轮岗且未开展专项审计□

续表

政府采购业务	轮岗周期内所有关键岗位已轮岗或开展专项审计□ 轮岗周期内部分关键岗位已轮岗或开展专项审计□ 轮岗周期内所有关键岗位未进行轮岗且未开展专项审计□
资产管理	轮岗周期内所有关键岗位已轮岗或开展专项审计□ 轮岗周期内部分关键岗位已轮岗或开展专项审计□ 轮岗周期内所有关键岗位未进行轮岗且未开展专项审计□
建设项目管理	轮岗周期内所有关键岗位已轮岗或开展专项审计□ 轮岗周期内部分关键岗位已轮岗或开展专项审计□ 轮岗周期内所有关键岗位未进行轮岗且未开展专项审计□
合同管理	轮岗周期内所有关键岗位已轮岗或开展专项审计□ 轮岗周期内部分关键岗位已轮岗或开展专项审计□ 轮岗周期内所有关键岗位未进行轮岗且未开展专项审计□

说明：单位应当按照有关规定对关键岗位人员实行轮岗交流，明确轮岗范围、轮岗周期与轮岗方式，不具备轮岗条件的可以采用专项审计等替代措施。需上传定期轮岗（或专项审计）轮岗记录、专项审计报告等文件作为佐证材料。

（四）2022年度业务层面风险评估覆盖情况

预算业务是否开展风险评估	是□否□	收支业务是否开展风险评估	是□否□
政府采购业务是否开展风险评估	是□否□	资产管理是否开展风险评估	是□否□
建设项目管理是否开展风险评估	是□否□	合同管理是否开展风险评估	是□否□

说明：业务层面内部控制风险评估覆盖情况根据2022年度单位组织开展业务层面风险评估工作以及出具的风险评估报告或其他文件，逐项勾选已进行内部控制风险评估的方面。需上传风险评估报告等材料作为佐证材料。

（五）建立健全内部控制制度情况

业务类型	环节（类别）	是否已建立制度和流程图	2022年度是否更新	内部控制制度覆盖关键管控点情况
预算业务	预算编制与审核	建立制度： 是□否□ 建立流程图： 是□否□	更新制度： 是□否□ 更新流程图： 是□否□	单位预算项目库入库标准与动态管理□ 单位预算编制主体、程序及标准□ 单位预算分解及下达□ 预决算公开□ 未覆盖以上所有管控点□
	预算执行与调整	建立制度： 是□否□ 建立流程图： 是□否□		单位预算执行分析次数、内容及结果应用□ 单位预算调整主体、程序及标准□ 未覆盖以上所有管控点□
	决算管理	建立制度： 是□否□ 建立流程图： 是□否□		单位决算编制主体、程序及标准□ 单位决算分析报告内容与应用机制□ 未覆盖以上所有管控点□
	绩效管理	建立制度： 是□否□ 建立流程图： 是□否□		单位新增重大预算项目事前评估程序□ 单位整体绩效目标设定与审核□ 单位项目绩效目标设定与审核□ 单位项目绩效运行监控□ 单位整体绩效评价主体、程序及结果应用□ 单位项目绩效评价主体、程序及结果应用□ 未覆盖以上所有管控点□

说明：是否已建立制度和流程图根据单位内部控制制度和流程图建立情况勾选。截至2022年年底单位已经建立对应业务环节（类别）的制度或流程图，勾选"是"；若单位尚未建立对应业务环节（类别）的制度或流程图，勾选"否"。

2022年度是否更新根据单位2022年度内部控制制度和流程图更新情况勾选。若单位在以前年度已经建立对应业务的制度或流程图且2022年度进行过更新，或者单位2022年度首次建立对应制度或流程图，勾选"是"，否则勾选"否"。

使用网络版填报的单位，若以前年度已经上传过相应业务的内部控制制度和流程图，则只需上传进行过更新或首次建立的制度或流程图作为佐证材料；若以前年度未上传过相应业务的内部控制制度和流程图，或第一年使用网络版填报，则需上传相应业务的内部控制制度和流程图作为佐证材料。使用单机版填报的单位，需上传相应业务的内部控制制度和流程图作为佐证材料。

业务类型	环节（类别）	是否已建立制度和流程图	2022年度是否更新	内部控制制度覆盖关键管控点情况
收支业务	收入管理	建立制度： 是□否□ 建立流程图： 是□否□	更新制度： 是□ 否□ 更新流程图： 是□ 否□	单位财政收入种类与收缴管理□ 单位非财政收入种类与收缴管理□ 未覆盖以上所有管控点□
	票据管理	建立制度： 是□否□ 建立流程图： 是□否□		单位财政票据申领、使用保管及核销□ 单位发票申领、使用保管及核销□ 未覆盖以上所有管控点□
	支出管理	建立制度： 是□否□ 建立流程图： 是□否□		单位支出范围与标准□ 单位各类支出审批权限□ 未覆盖以上所有管控点□
	公务卡管理	建立制度： 是□否□ 建立流程图： 是□否□		单位公务卡结算范围及报销程序□ 单位公务卡办卡及销卡管理□ 未覆盖以上所有管控点□

续表

业务类型	环节（类别）	是否已建立制度和流程图	2022年度是否更新	内部控制制度覆盖关键管控点情况
政府采购业务	采购需求管理	建立制度： 是□否□ 建立流程图： 是□否□	更新制度： 是□ 否□ 更新流程图： 是□ 否□	采购需求的内容、合规性、合理性□ 采购需求调查的主体、范围、内容、形式、存档□ 采购实施计划（包括采购项目预算、采购组织形式、采购方式等）的内容、存档□ 采购需求审查的范围、内容、成员、存档□ 未覆盖以上所有管控点□
	变更采购方式	建立制度： 是□否□ 建立流程图： 是□否□		申请变更采购方式的主体、程序□ 未覆盖以上所有管控点□
	采购进口产品	建立制度： 是□否□ 建立流程图： 是□否□		申请采购进口产品的主体、程序□ 未覆盖以上所有管控点□
	履约验收	建立制度： 是□否□ 建立流程图： 是□否□		履约验收的主体、时间、方式、程序、内容、验收标准等□ 未覆盖以上所有管控点□
	信息公开	建立制度： 是□否□ 建立流程图： 是□否□		信息公开的主体、范围、时间、内容、程序□ 未覆盖以上所有管控点□

续表

业务类型	环节（类别）	是否已建立制度和流程图	2022年度是否更新	内部控制制度覆盖关键管控点情况
资产管理	货币资金管理	建立制度： 是□ 否□ 建立流程图： 是□ 否□	更新制度： 是□ 否□ 更新流程图： 是□ 否□	单位银行账户类型，开立、变更、撤销程序及年检□ 单位财务印章、银行密钥管理□ 未覆盖以上所有管控点□
	固定资产管理	建立制度： 是□ 否□ 建立流程图： 是□ 否□		单位固定资产类别与配置标准□ 单位固定资产清查范围及程序□ 单位资产处置标准与审批权限□ 未覆盖以上所有管控点□
	无形资产管理	建立制度： 是□ 否□ 建立流程图： 是□ 否□		单位无形资产类别、登记确认、价值评估及处置□ 未覆盖以上所有管控点□
	对外投资管理	建立制度： 是□ 否□ 建立流程图： 是□ 否□		单位关于《政府投资条例》的具体管理办法□ 单位对外投资范围、立项及审批权限和程序□ 单位对外投资价值评估与收益管理□ 未覆盖以上所有管控点□

续表

业务类型	环节（类别）	是否已建立制度和流程图	2022年度是否更新	内部控制制度覆盖关键管控点情况
建设项目管理	项目立项、设计与概预算	建立制度： 是□ 否□ 建立流程图： 是□ 否□	更新制度： 是□ 否□ 更新流程图： 是□ 否□	单位项目投资评审、立项依据与审批程序□ 未覆盖以上所有管控点□
	项目采购管理	建立制度： 是□ 否□ 建立流程图： 是□ 否□		单位项目采购范围、方式及程序□ 未覆盖以上所有管控点□
	项目施工、变更与资金支付	建立制度： 是□ 否□ 建立流程图： 是□ 否□		单位项目分包控制□ 单位项目变更审批权限及程序□ 未覆盖以上所有管控点□
	项目验收管理与绩效评价	建立制度： 是□ 否□ 建立流程图： 是□ 否□		单位项目验收主体、内容及程序□ 单位项目绩效评价形式与内容□ 未覆盖以上所有管控点□
合同管理	合同拟订与审批	建立制度： 是□ 否□ 建立流程图： 是□ 否□	更新制度： 是□ 否□ 更新流程图： 是□ 否□	单位合同审核主体、内容及程序□ 单位法务或外聘法律顾问介入条件与环节□ 单位合同章种类、使用权限及使用范围□ 未覆盖以上所有管控点□
	合同履行与监督	建立制度： 是□ 否□ 建立流程图： 是□ 否□		单位合同台账设置及管理要求□ 单位合同执行监督机制□ 单位合同变更、转让或解除机制□ 未覆盖以上所有管控点□
	合同档案与纠纷管理	建立制度： 是□ 否□ 建立流程图： 是□ 否□		单位合同执行归档制度□ 单位合同纠纷处理程序□ 未覆盖以上所有管控点□

续表

业务类型	环节（类别）	是否已建立制度和流程图	2022年度是否更新	内部控制制度覆盖关键管控点情况
其他业务领域		建立制度： 是□ 否□ 建立流程图： 是□ 否□	更新制度： 是□ 否□ 更新流程图： 是□ 否□	

（六）内部控制制度执行情况

事前绩效评估执行情况	2022年度新增重大项目数量：_____ 2022年度已开展事前绩效评估的新增重大项目数量：_____
项目支出绩效目标管理情况	2022年度项目总数：_____ 2022年度已开展绩效目标管理的项目数量：_____
预算绩效运行监控执行情况	2022年度项目总数：_____ 2022年度已开展预算绩效运行监控的项目数量：_____
预算绩效自评执行情况	2022年度项目总数：_____ 2022年度已开展预算绩效自评的项目数量：_____
非税收入管控情况	2022年度应上缴非税收入金额：_____ 2022年度实际上缴非税收入金额：_____
支出预决算对比情况	2022年度支出预算金额：_____ 2022年度实际支出总额：_____
"三公"经费支出上下年对比情况	2021年度"三公"经费决算数：_____ 2022年度"三公"经费决算数：_____
政府采购预算完成情况	2022年度计划采购金额：_____ 2022年度实际采购金额：_____

235

续表

资产账实相符程度	2022年度资产清查或盘点前账面金额：_____ 2022年度资产清查或盘点后实际金额：_____
固定资产处置规范程度	2022年度固定资产减少额：_____ 2022年度固定资产处置审批金额：_____
项目投资计划完成情况	2022年度投资计划总额：_____ 2022年度实际投资总额：_____
合同订立规范情况	2022年度合同订立数：_____ 2022年度经合法性审查的合同数：_____

说明：根据单位内部控制管理制度、业务表单与文件、信息系统数据等材料填写。所填数据中，金额类指标以"元"为单位。

1. 事前绩效评估执行情况中的"2022年度新增重大项目数量"是指2022年度单位新设立的非常态化、非延续性的重大项目数量，重大项目衡量标准由各单位根据实际情况界定；"2022年度已开展事前绩效评估的新增重大项目数量"是指单位组织或由主管部门统一组织的针对2022年度新设立的重大项目开展事前绩效评估的项目数量。预算项目是指非基本支出的二级预算项目。

2. 项目支出绩效目标管理情况中的"2022年度项目总数"是指经批复的2022年度单位正在执行的项目数量；"2022年度已开展绩效目标管理的项目数量"是指单位2022年度执行绩效目标管理的项目数量。

3. 预算绩效运行监控执行情况中的"2022年度已开展预算绩效运行监控的项目数量"是指单位针对2022年度执行项目开展绩效运行监控的项目数量。

4. 预算绩效自评执行情况中的"2022年度已开展预算绩效自评的项目数量"是指单位针对2022年度执行项目开展绩效自评的项目数量（包括委托第三方开展绩效评价的项目）。

以上1~4需上传单位正在执行的预算项目清单作为佐证材料，清单中需至少包括以下信息：项目名称、项目代码、是否为2022年度新增重大项目、是否已开展事前绩效评估、是否已开展绩效目标管理、是否已开展预算绩效运行监控、是否已开展预算绩效自评。

5. 非税收入管控情况中的"2022年度应上缴非税收入金额"是指2022年度纳入预算管理以及纳入财政专户管理的非税收入合计数；"2022年度实际上缴非税收入金额"是指决算报表的《非税收入征缴情况表》（财决附04表）中2022年度纳入预算管理的已缴国库小计数及纳入财政专户管理的已缴财政专户小计数之和，即表第1栏次第1行合计数（单位：元）。

6. 支出预决算对比情况中的"2022年度支出预算金额"是指2022年度决算报表的《收入支出决算总表》（财决01表）中2022年度支出的全年预算数，即表第8栏次第84行合计数（单位：元）；"2022年度实际支出总额"是指2022年度决算报表的《收入支出决算总表》（财决01表）中2022年度支出的决算数，即表第9栏次第84行合计数（单位：元）。

7. "三公"经费支出上下年对比情况中的"2021年度'三公'经费决算数"是指2021年决算报表的《机构运行信息表》（财决附03表）中"三公"经费支出的支出合计数，即表第2栏次第2行统计数（单位：元）；"2022年度'三公'经费决算数"是指2022年度决算报表的《机构运行信息表》（财决附03表）中"三公"经费支出的支出合计数，即表第3栏次第2行统计数（单位：元）。

8. 政府采购预算完成情况中的"2022年度计划采购金额"是指2022年度单位预算批复中的政府采购预算金额和采购预算调整金额的合计数（单位：元）；"2022年度实际采购金额"是指2022年度实际完成的政府采购金额，即部门决算报表中相关政府采购数据，根据决算报表《机构运行信息表》（财决附03表）第4栏次第42行"政府采购支出合计"的统计数（单位：元）填列。

9. 资产账实相符程度中的"2022年度资产清查或盘点前账面金额"是指单位2022年度在进行资产清查或固定资产盘点前确认的账面金额（单位：元）；"2022年度资产清查或盘点后实际金额"是指单位2022年度在进行资产清查或固定资产盘点后的实际金额（单位：元）。需上传当年度单位资产清查或固定资产盘点前账面金额记录、资产清查报告或固定资产盘点表作为佐证材料。如单位2022年度未开展资产清查或盘点，可不填写（选择"否"）。

10. 固定资产处置规范程度中的"2022年度固定资产减少额"是指单位国有资产报表中《资产处置情况表》（财资10表）中本期减少的固定资产账面原值，即表第6栏次第1行固定资产原值小计数（单位：元）；"2022年度固定资产处置审批金额"是指严格按照单位国有资产业务管理制度中规定的资产处置审批权限及程序，2022年度实际审批的固定资产处置金额（单位：元）（本指标考核范围不包含固定资产出租出借涉及的金额）。该指标建议参考资产登记表、资产处置审批单、单位国有资产报表中的资产处置情况表等资料填写。需上传审核后的资产处置审批单（审批单数量大于5份的单位，抽取5份；审批单数量小于或等于5份的单位，全部上传）作为佐证材料。

11. 项目投资计划完成情况中的"2022年度投资计划总额"是指以预算年度为统计口径的基本建设类项目计划投资金额（单位：元），包括发展改革委安排的基建项目、同级财政安排的基建项目、其他主管部门安排的基建项目。该指标建议参考投资计划表、项目概预算表等资料填写；"2022年度实际投资总额"是指2022年度决算报表中基本建设类项目支出决算金额，根据决算报表《项目收入支出决算表》（财决06表）"基建项目属性"为"发展改革委安排的基建项目""同级财政安排的基建项目""其他主管部门安排的基建项目"的支出数合计（单位：元）填列。需上传投资计划表或项目概预算表（项目数量大于5个的单位，抽取5份；项目数量小于或等于5个的单位，全部上传）作为佐证材料。

12. 合同订立规范情况中的"2022年度合同订立数"是指单位2022年度签订的全部合同个数；"2022年度经合法性审查的合同数"是指2022年度在已签订的合同中，严格执行审核审批程序的合同，其中具有重大影响的合同需有法务人员参与审批并签字。该指标建议参考合同文本、合同台账等资料填写。需上传审核后的合同申请审批单（合同数量大于5个的单位，抽取5份；合同数量小于或等于5个的单位，全部上传）作为佐证材料。

四、内部控制信息化情况

单位内部控制信息化覆盖情况	预算业务□ 收支业务□ 政府采购业务□ 资产管理□ 建设项目管理□ 合同管理□ 其他□ 未覆盖□
单位内部控制信息化模块联通情况	内部控制信息化实现互联互通模块
是否联通政府会计核算模块	是□ 否□

说明：内部控制信息化建设是指运用信息化手段将内部控制关键点嵌入业务系统中。财政部门统一建设的预算管理一体化系统、行政事业单位内部控制报告填报系统、与业务无关的内部控制工作辅助软件等，不纳入"单位内部控制信息化覆盖情况"填报范围。单位内部控制信息化模块联通是指不同业务的系统模块之间的数据信息能够同步更新与实时共享。

需上传内部控制信息系统设计文档及系统截图作为佐证材料。使用网络版系统填报的单位，若以前年度已经上传过相应佐证材料，则无须再次上传；若以前年度未上传或第一年使用网络版系统填报，则需上传相应佐证材料。使用单机版软件填报的单位，需上传相应佐证材料。